잃어버린 나를 찾기 위한 8가지 방법

즐거운 여름밤
서늘한 바람이
알려주는 것들

김주호 지음

자유정신사

통합사유철학 첫 번째 축, 삶 속 '존재'에 관한 구체적 고찰

즐거운 여름밤 서늘한 바람이 알려주는 것들

김주호

도서출판 자유정신사

통합사유철학 첫 번째 축, 삶 속 '존재'에 관한 구체적 고찰

즐거운 여름밤 서늘한 바람이 알려주는 것들

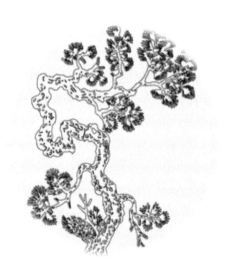

태양이 떠오르면
밤사이 생각한 것만큼 그렇게
감출 수 있는 것이 많지 않다.

I 장. 존재 [나]를 행하다 – 인식의 행동화를 위하여

Ⅱ장. 모방을 벗다 – 창조적 의지를 위하여

Ⅲ장. 질서를 무너뜨리다 – 무질서의 삶을 위하여

IV장. 생각을 멈추다 – 멈춤 그리고 천천히 봄

I 장. 연극을 떠나다 – 자유 정신을 위하여

Ⅱ장. 사람을 목적하다 – 고귀함을 위하여

Ⅲ장. 존재를 보다 - 제3의 탄생을 위하여

IV장. 나를 가라앉히다 – 투명성을 위하여

이 책은 사흘의 여정에서 변화된 존재 [나]에 대한 이야기이다.

산에 오르기 위해 왔다. 정확히 이야기하면 내가 무엇 하러 왔는지 모른다. 분명 산에 오르기 위해 온 것만은 아니다. 붉게빛남의 이야기를 들으며 자유의 바람을 찾아 머무름의 냄새를 없애기 위해 온 것이 아닌가 하는 생각이 든다.

지난 하루는 나를 얼마나 변화시켰는가? 오늘 그는 [나]를 발견할 수 있도록 이끌 것인가. 곧 아침이다. 어제부터 모인 사람들의 인기척이 들리기 시작한다. 시를 쓰는 시인이 소나무 산장에 자신의 시를 걸고 있다. 이 시 또한 우리가 찾는 실존적 존재 [나]를 암시한다.

"산책을 핑계 삼아 찾으러 가면 | 일곱 돌, 일곱 나무 반갑습니다. | 동그란 느티나무 이름 지어서 | 소리 내어 불러보니 정답습니다. | 주황 잎 바람에 낙엽 내리면 | 내 어깨 적실까 걱정입니다. | 가을밤 핑계 삼아 찾으러 가면 | 얇은 달, 친구 별이 반갑습니다. | 앉았던 작은 바위 이름 지어서 | 소리 내어 인사하니 반갑습니다. | 돌아오는 어둔 길 외로웁지만 | 다음에 만날테니 괜찮습니다."

시인은 [나]를 찾기 위한 생각으로 밤새 잠을 이루지 못한 것 같다. 그는 어제 [나]를 발견한 듯한 직감이 철학의 초보자에게 나타나는 인식의 급격한 증대일 뿐이라는 생각을 가지는 것 같다. 그는 밤사이 산책에서도 빈손으로 돌아온 듯싶다.

각자의 작은 침대에서 잠을 자는 이들은 누구인가? 이들은 왜 붉게빛남과 함께하고 있는가? 그들은 과연 [나]를 발견할 수 있다고 생각하고 있을까? 아니, [나]라는 것이 무엇인지 알고 싶기는 한 것인가? [나]를 발견하면 굉장한 일이 일어날 것을 기대하고 있는 것 아닌가?

나는 천천히 아직 어두운 산장 밖으로 나와 차갑지만, 어둠의 향기가 남아있는 주변 길을 걷기 시작했다. 작은 풀이 발에 밟힌다. 이 작은 풀들과 나는 무엇이 다른가? 생각하는가? 미래를 걱정하는가? 조금 더 오래 사는가? 움직일 수 있는가? 배가 고픈가? 욕망이 있는가? 그럼 무엇이 같은가? 이 공기를 호흡하고 있는가? 물을 먹고 사는가? 태양이 생명의 근원인가? 번식하는가? 밤에는 쉬는가? 성장하는가? 우리의 대지에 같이 서 있는가?

이런 생각을 할 때 사람들이 하나둘씩 모이기 시작했다. 그들도 [나]의 발견에 대한 기대로 가득한 얼굴을 하고 있다. 그들은 산장에서 준비한 간단한 아침을 먹으면서 산장 테라스에 모여 붉게 빛남을 기다렸다.

　　붉게빛남은 테라스에서 사람들과 인사하고 인식의 행동화에 대하여 사람들에게 말했다. 인식이 가치를 가지기 위해서는 행동으로서 실증되어야 한다는 오래된 철학 격언을 그는 왜 우리에게 이야기하려는 것일까? 우리가 알고 있는 것과 다른 것은 무엇인가? 그리고 그것이 [나]를 찾는 것과 어떤 관련이 있을 것인가?

I 장. 존재 [나]를 행하다

이 모든 일이 타인을 위한 것 인줄 알았는데
사실 나를 위한 것이었구나.
그런데 이것도 오해였다.

인식의 행동화를 위하여

큰 바위는 크게 변하지 않는다.

사람의 마음도 그에 못지않다.

마음을 움직이려면 비슷한 노력이 필요하다.

1. 인식의 세가지 단계

　　모인 사람들은 밝아오는 여명 속에서 산(山)에 대한 것과 [나]에 대한 것을 서로 생각하고 있었다. 정상을 향한 힘든 여정과 붉게빛남으로부터의 [나]를 찾기 위한 숨겨진 비밀의 열쇠, 이 모두를 생각하지 않을 수 없을 것이다. 한 젊은 의사가 물었다. 인식의 행동화에 앞서 인식이란 무엇이며 사람이 가지는 인식의 단계에 관하여. 이제부터 그의 말이 존재 [나]로 향하는 문으로 인도할지도 모른다는 기대감으로 모두 집중하여 그의 말에 귀를 기울였다. 붉게빛남은 천천히 이렇게 말했다.

☞ 인식이 투명성을 갖기 위해서는
자신 이외의 어떤 인식에 의해서도
자신의 인식이 변화되지 않는
고요한 인식 상태가 필요하다.

☞ 투명한 인식은
타인의 인식 상태가 자신에게 전이되는 과정에서
타인의 인식에 대한 거부 및 변형이 필요 없어서
사람들과의 생각 교류 중에 필연적으로 발생하는
생각의 굴절 현상이 사라진다.

 [나]를 행하다

☞ 이렇게 인간의 인식이 투명해지는 과정은
자신의 인식 공간에 수용되는 타인의 인식을 거부하는
[배척 단계]로부터
이 인식을 자신의 인식에 맞추어 변화, 수용시키는
[수용 단계]
그리고 인간 일반의 인식을 통합, 성찰할 수 있는
[통합 단계]를 거친다.

☞ 우리는
보통 자신이 경험하고 사유한 자신의 인식 세계가
타인으로부터 영향 받는 것을 거부한다.
이는 자신의 인식 상태가 불완전하기 때문에
타인의 인식에 의해 자신의 인식 세계가 파괴되어
지금까지의 자신의 삶을 떠받치던 사유 체계가
파괴될 수도 있다는 위험을 직감하기 때문이다.

☞ 그러므로 [배척 단계]의 사람은
자신의 삶을 유지시키기 위해 본능적으로
타인의 인식을 거부한다.
그리고 이 거부 반응은 많은 사람들에게서 발견된다.
이것이 사람들이 서로 대립하게 되는 이유이다.

 [나]를 행하다

☞ 그런데 우리가
사물의 본질을 탐구하려고 하고
자신에게서 자기 존재 의미를 성찰하려고 노력하기 시작하면
드디어 그는 타인의 인식을 자기 삶 속에 수용하여
자기 삶을 새롭게 구성하기 시작한다.
우리는 이 수용 속에서 생각하지 못한 희열을 느낀다.

☞ [수용 단계]의 사람은
타자(他者)로부터의 인식을 탐구하여
자기화시키는 데 열중하게 되며
타자(他者) 인식의 의미를
자기 인식을 향상하는 작용자 역할을 수행하는 데 둔다.
이로부터 우리는 자기 삶의 의미가
타자(他者)와의 조화 속에서 구성되는 것으로 확신하게 된다.
그러나 많은 사람이 [수용 단계]의 완성에 도달하지 못한다.
보통, 시간이 오래 걸리는 일이기 때문이다.

☞ 타자(他者) 인식 [수용 단계]를 지속함에 따라
자기 사유가 구성하는 삶의 사유 공간은
타자(他者)의 인식에서 완전한 독립임을 알게 된다.
이는 타자(他者)를 수용하되
드디어 자신이 영향을 받지 않게 되는 상태이다.

 [나]를 행하다

또한 타자(他者)의 인식을 수용하여
자신의 삶을 확대했다고 사유했던 것이
본래 자신의 사유 공간의 작용이었음을 인식, 성찰함으로써
이제 새로운 인식단계로 들어서게 된다.

　타자(他者)를 계속 수용함으로써
드디어 사람들이 나와 그렇게 다르지 않다는 것을
알게 되는 것이다.
즉 나는 타자(他者)의 인식에서 영향을 받지 않는다는 것과
타자(他者)의 인식이 나와 다르지 않음을 알게 된다.

　이 투명한 [통합의 단계]에서
사람은 타자(他者)의 인식을
변형 없이 그대로 통합하여
그것을 자신의 사유 공간에 존재하는
인식의 통합 성찰 과정으로 받아들일 수 있게 된다.

　그러나 어려운 과정이 더 남아 있다.
투명한 통합 인식은
사유 공간을 스스로 창조해야 하며
이를 위해 그는 새로운 인식 세계로부터
단순히 자신을 통합 변화시키는 것이 아니라

인식의 행동화를 위하여

 [나]를 행하다

자신의 사유 공간 속에
나만의 인식 세계를 창조해야 한다는 것이다.

☞ 이를 위해 다양한 인식을 수용할 수 있는
창조적 사유 공간을 소유해야 한다.
많은 사유의 시간이 있어야 하는 이유이다.
그러나 이 창조적 사유 공간은 인간 일반에게
삶의 가치 혼돈으로부터 벗어나게 하는
숨겨진 비밀의 길을 제시한다.

☞ 왜냐하면 이 창조적 무한 사유 공간은
많은 타자(他者)를 수용하고 포용하는 공간이고
그들의 가치를 모두 포함하여
인간 일반 삶의 가치 진리 를 재창조하기 때문이다.
그러므로 이 통합 사유 공간은
보편타당한 존재, [나]에 가장 가깝다.

　　붉게빛남은 나를 발견하기 위한 조건으로 인식의 투명성
을 제시했다. 어젯밤 산장에 도착하여 그가 했던 말이다. 그는 지
금 인식의 투명성을 확보하기 위한 실제적인 방법을 제시하고
있다. 타인에 대한 배척을 벗어나고 타인에 대한 수용을 소중히
여기면서 그들의 사유를 자신과 통합하는 것이다. 우리가 한 사

 [나]를 행하다

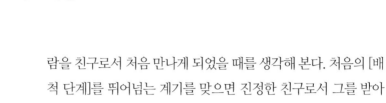

람을 친구로서 처음 만나게 되었을 때를 생각해 본다. 처음의 [배척 단계]를 뛰어넘는 계기를 맞으면 진정한 친구로서 그를 받아들이는 [수용 단계]로 넘어설 것이다. 그러나 보통 우리는 배척과 수용을 반복하면서 관계를 이어갈 것이다. 여기까지는 우리가 모두 경험하고 있다. 그럼 친구로서 존재하는 한 사람에 대하여 우리가 [통합 단계]로 이행하여 투명한 상태가 된다는 것은 무엇을 의미하는가? 친구를 자신과 다르지 않게 자신의 일부로서 받아들이기 위해 나는 어떻게 바뀌어야 하는가? 친구와 나 사이의 벽을 없애기 위한, 투명한 나를 창조하기 위해서는 무엇이 필요한 것인가? 그의 이야기 [사유의 독립과 확장]이 생각난다.

그리고 그는 인식(認識)의 단계와 [나]에 대하여 다시 이렇게 말했다.

[나]를 행하다

🖋 나의 인식이 투명해지는 증거는 타자(他者)의 생각이 나와 다른 것이 아니라 내 생각의 일부로 느껴진다는 것이다. 자연스럽게 타자(他者)를 존중하게 된다.

🖋 타자(他者)와 대립할 때 느끼는 나는 말 그대로 타자(他者)와의 대립체일 뿐이다. 그것을 [나]라고 생각함으로써 좀 더 [나]로부터 멀어진다.

🖋 타자(他者)를 수용하기 시작하면 인식은 급격히 증가한다. 그런데 그 속에서 [나]를 잃지 않기란 쉽지 않다. 너무 많은 독서도 좋지 않다.

🖋 [나]는 말 그대로 나라서 아무리 대상(對象)을 공부하고 타자(他者)를 관찰해도 [나]를 알 수 없다. [나]를 알려면 나를 보아야 한다.

🖋 나만의 창조적 사유 공간(철학) 없이 [나]를 찾고 있다고 이야기할 수 없다. 그러나 걱정할 필요 없다. 이미 모두 다 가지고 있다.

🖋 [나]를 찾으려면 인식의 높은 산들을 넘어야 한다. 그렇다고 그곳에 도취하여 높은 산 위에 머무르면 안 된다.

 [나]를 행하다

2. 오인 (誤認)

　　모두 나와 비슷한 생각으로 [사유의 독립과 확장]에 대하여 생각하고 있는 듯했다. 이른 아침 산속의 바람은 습기를 머금고 있었고 그 습기의 촉촉함이 우리 모두를 차분히 가라앉히고 있었다. 내가 나인 것은 사유의 독립을 통해서 밖에는 없다. 그렇지 않고서는 붉은 고깃덩어리와 나를 어떻게 구분할 것인가. 조금 전 질문 했던 젊은 의사가 물었다. 이와 같은 자아(自我)에 대한 인식에 도달한 자가 보이는 행동에 관하여. 붉게빛남은 거짓 모방하는 모습들을 역설적으로 말함으로써 그들을 인지(認知)하도록 했다.

🖛　삶의 의미를 터득한 것처럼 즐겁게 미소 짓고
모든 이를 다 포용하듯이 사람과 잘 어울리고
낙천주의자로 느껴지길 바라며
삶에 대한 문제에 부딪히면 웃음으로 얼버무리고
모든 것을 이해하는 듯이 행동하며
자신의 세계에 도취하여 새로운 세계에 눈길을 주지 않으며

🖛　운명론을 주장하는 한 철학자의 말을
애써 자신의 좌우명으로 삼고
자신을 존경의 눈빛으로 바라보는 자를 위해

　[나]를 행하다

절대로 자기 생각을 바꾸지 않으며
경험에 대한 절대적인 신봉자이고
신중함이라는 가면을 쓰고
평범하고 작은 행복 속에서 삶을 영위하고

☞ 자신의 인식 부재를 느낄 때는 미소 지으며 고개 돌리고
항상 다른 사람의 생각과 말을 준비해 두었다가
필요할 때마다 사용하고
자신의 사유와 일치할 때는 칭찬하고
능가할 때는 비난하며

☞ 자기 생각이 다른 사람에게 갈채 받는 것을
최대의 목표로 삼고
자신의 용감성을 나타내기 위해
기회가 생기면 놓치지 않고 화를 내며
항상 사람들이 관심을 두는 것에 박식하도록
노력을 게을리 않고

☞ 자신은 이렇지 않다고 말할 수 있는가?
이런 행동을 보이며
이 세상 삶의 지혜를 가진 자로
스스로 오인(誤認)하지 않기를 위한 충고이다.

 [나]를 행하다

 하지만 걱정할 것 없다.
이 모두는 존재의 불확실성에 의한
삶의 목표 흔들림에서 오는 현상이다.
우리는 존재를 탐구하고 있고 존재 [나]에 대한 사유는
우리 약한 심성(心性)을 어렵지 않게 극복시킬 것이다.

붉게빛남은 우리 일상의 삶을 하나씩 이야기했을 뿐일 수도 있다. 그러나 이 일상적 행동들이 [나]에 대한 정확한 인식에 도달하지 못한 채, 바람에 밀리어 흩어지는 낙엽처럼 그렇게 우리를 흩날리게 하는 것인가? 그렇다면 존재에 대한 인식에 대한 도달한 자의 실질적 행동은 무엇이란 말인가?

그의 말을 부정해 보자. 삶의 의미를 터득한 것처럼 즐겁게 미소 짓지 않고, 모든 이들을 다 포용하지만 모든 사람과 잘 어울리지는 않고, 낙천주의자로 느껴지길 바라지 않으며, 삶에 대한 문제에 부딪히면 웃음으로 얼버무리지 않고, 모든 것을 이해하는 듯이 행동하지 않으며, 자신의 세계에 도취하여 새로운 세계에는 눈길을 주지 않는 것을 경계하며, 운명론을 주장하는 한 철학자의 말을 애써 자신의 좌우명으로 삼지 않도록 자신의 철학을 창조한다. 그는 존재에 대한 인식자를 염두에 둔 것처럼 정확히 인식자의 행동을 암시하고 있지 않은가?

 [나]를 행하다

한가지 공통점이 머리를 스친다. 이들은 모두 [구(求)하지 않는다는 것]이다. 그리고 자신을 고정하지 않는다는 것이다. [자신을 고정하지 말 것] 이것이 붉게빛남의 또 다른 숨겨진 의도인가? 모든 것을 수용하고 자신의 사유 속으로 받아들여 통합하기 위해서는 사유가 형상화되어 고정되면 안 됨을 이야기하고 있지 않은가? 빈 공기로 채워진 듯한 자신을 만들 것, 이것이 그의 의도인가? 모두, 어떻게 생각하고 있는가?

그리고 그는 자아(自我) 인식자의 행동에 대하여 이렇게 말했다.

존재 [나]를 행하다

[나]를 행하다

🖋 우리는 존재를 붉은 고깃덩어리라고 생각하지는 않는다. 그러므로 [나]를 찾기 위해서는 우리가 바라고 원하는 것부터 바꾸어야 한다.

🖋 우리는 [나]를 오인한 채로 살아가다 죽음을 맞이한다. 자신은 문제없을 것이라고 생각한다면 아마도 오인하는 한 사람일 것이다.

🖋 나는 이런 사람이라고 말한다면 일단 그것은 자신이 아니다. 아무것도 아닌 것이 [나]이다. [나]의 특징은 고정되지 않는 자유로움이다.

🖋 [나]를 찾는 것은 [나]에 대한 오해를 극복하는 것으로부터 시작한다.

 [나]를 행하다

3. 수용적 변화와 창조적 변화

　　산장 테라스에서 보는 산 정상은 바위와 소나무로 가득했다. 예술가가 흥미로운 표정으로 인식의 행동화를 위한 실제적 우리 행동의 변화에 관하여 물었다. 붉게빛남은 천천히 아침 안개를 바라보면서 이렇게 말했다.

　삶에서 자기 의지를 실현하려는 사람의 무모성은
오히려 실체적 삶으로의 접근을 어렵게 한다.
이를 위하여 사람은 신(神)적인 행동을 취하거나
자신을 삶과 일치시키는 방법을 선택해야 한다.

　인간으로서 신적인 행동을 할 수 없기 때문에
자신과 삶을 일치시키기 위해 (실체적 삶)
인간은 삶에서 발생하는 의지를 분열시키거나 (사유의 무화)
자신의 고양된 의지를 탄생시켜야 하는
선택을 해야 한다. (사유 최고 표층 세계로의 고양)

　　사유의 최고 표층 세계는 무엇인가? 이는 타자(他者)와의 실질적 교류가 일어나는 사유 공간을 말하는가?

[나]를 행하다

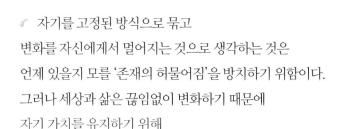

✍ 자기를 고정된 방식으로 묶고
변화를 자신에게서 멀어지는 것으로 생각하는 것은
언제 있을지 모를 '존재의 허물어짐'을 방치하기 위함이다.
그러나 세상과 삶은 끊임없이 변화하기 때문에
자기 가치를 유지하기 위해
자신을 끊임없이 변화의 과정으로 이끌어야 한다.

✍ 자신의 본질에는 아무런 변화도 없이
타인의 방식만을 수용하는 '단순 수용적 변화'를 유지하는 것은
존재의 독립성이 결여되어
진정한 변화의 과정을 겪지 못한다.

✍ 이는 오히려 기존의 자신과 어색한 새로운 자신과의
[존재의 분리]를 느끼게 됨으로써
자기 존재에 대한 비관론적 허무주의로 전락할 수 있다.
보통, 사람은 이 과정에서
적지 않은 고통을 겪게 된다.

✍ 자신을 사유의 최고 표층(表層) 세계로 고양해야 한다.
자기 본질은 계속 변화해야 한다.
자신이 자랑스럽다 해도 지금 자신을 고집하지 말라.

[나]를 행하다

그의 말대로 나를 돌아본다. 수많은 수용을 통해 만들어 온 나였지만, 내가 아닌 것 같은 나를 얼마나 많이 느껴 왔는가? 지금 나도 '내가 아닌 내가' 나를 가득 채우고 있지 않은가?

☞ 자신이 '단순 수용적 변화'를 추구하고 있는지는
삶에 대한 자신의 태도에서 쉽게 발견된다.
그 중요한 특징은 현재 자신의 사유를 고집하여
외면적으로는 그것을 허용하는 듯하지만
이에 반하는 어떠한 것도
-자신 존재 내부에서 새롭게 탄생하는 창조적 변화까지-
허용하지 않는다는 것이다.
이는 스스로 충분히 알 수 있다.
왜냐하면, '단순 수용적 변화'는 본질적으로 일시적이며
무변화의 특성을 가지려 하기 때문이다.

이것이 내가 혼란을 겪는 원인 아닌가? 붉게빛남은 잠시 침묵하며 사람들이 자기 생각을 정리할 시간을 준다.

☞ 존재 [나]를 현시(顯示)해 주는 변화는
타인의 새로운 방식을 단순 수용하는 것으로는 불가능하다.
즉 타인의 사유와 자기 사유를 통합하여
자신의 새로운 자아를 만들고

 [나]를 행하다

이 자아를 완전히 자기 존재화하는 것에서 달성된다.

☞ 그러므로 우리는
자기 내부에 비밀스럽게 숨어 있는 자기 특성을
끊임없이 발견하여 자기 자아 영역을 넓히고
이를 통해 자신을 항상 새롭게 해야 한다.
이것이 [나]에 접근하는 유일한 길이다.
이처럼, 존재로의 접근은 결국 나를 넓히는 길이다.

☞ 자기 변화에 자신을 몰입시키면 즉, 나를 찾아서 집중하면
자기 자신으로부터 자신의 가치를 창조하기 때문에
타인에게서 자기 가치를 얻으려는 노력이 필요 없으며
자기 의미를 사람들에게 항상 새롭게 제시할 수 있다.

타인에게서 자기 가치를 얻으려는 노력이 필요 없다면 삶
은 조금 평온해지지 않겠는가?

☞ 이처럼 자기 존재 변화를 추구하는 것은
자기 삶을 의지와 일치시킬 수 있는
신이 아닌 인간이 할 수 있는 거의 유일한 방법이다.
이를 통해 우리는 자기 변화가 삶을 변화시키고 있다는 것을

 [나]를 행하다

비로소 인식할 수 있게 된다.

☞ 우리는 누군가를 사랑할 때 존재 변화를 경험한다.
전혀 관계없는 타인과 완전히 동화되어
또 다른 내가 새롭게 탄생하는 것이다.
그때, 오랫동안은 아닐지 몰라도
새로운 존재의 탄생과 변화를 경험한다.

☞ 누군가를 새롭게 사랑할 때와 같이
자기 존재에 대한 변화를 의지(意志)하라.

인식의 행동화를 위한 그의 말이 쌓여 간다. 사랑하는 사람과의 만남과도 같이 자신을 변화시키라는 그의 말이 마음에 남는다. 그의 말대로 나는 변화하는 것을 느낄 때가 있는가? 감동을 주는 책을 읽고, 아니면 우연히 지나가는 사람을 보고 자신이 급격히 변화되는 듯한 경험이 있는가? 우리는 이것을 무심히 지나치지 않았는가? 이것이 그가 말하는 존재론적 변화 모습이지는 않겠는가?

그리고 그는 우리 삶의 변화와 존재 [나]에 대하여 이렇게 말했다.

 [나]를 행하다

🖋 나를 위해서 [나]를 찾는다면 [나]를 찾으나 찾지 못하나 별
차이가 없다.

🖋 내가 타자(他者)를 많이 수용하면 할수록 나와 타자(他者)의
존재 분리가 커질 수 있다. 타자를 통합하지 않으면 나는 타
자(他者) 속에서 축소된다.

🖋 사유(思惟)는 [나]를 만드는 나무를 준비하는 것이고 행위(行
爲)는 [나]를 조각하는 것이다.

🖋 타자로부터 보이는 나를 위하여는 열 걸음을 움직여야 한다.
나로부터 보이는 [나]를 위해서는 별로 움직일 필요가 없다.
그래서 한가롭다.

🖋 나의 존재는 천천히 조금씩 변하는 경우도 있지만, 대부분은
계곡물이 절벽 아래로 떨어지듯 급격히 변하는 경우가 훨씬
더 많다. 조금 인내가 필요하다.

[나]를 행하다

4. 반사회적 동물

오늘 우리는 [나]를 찾으려고 한다. 어제와 달리 사람들의 모습에서 붉게빛남의 말대로 절실함[1]이 보인다. 잃어버린 [나]를 찾아서 진정한 나의 삶을 만들어 가고 싶을 것이다. 도덕을 공부하고 가르치는 자가 물었다. 우리의 행동에는 사람과의 관계를 고려해야 하는 한계를 가지고 있는 것이 아닌지에 대하여. 그 관계 속에서는 결국 [나]를 찾는 것이 불가능한 것이 아닌지에 대하여. 붉게빛남은 언제나 그렇듯이 잠시 침묵하다가 삶 속에서 인간의 관계와 진리 탐구에 대하여 이렇게 말했다.

✒ 시대마다 시대적 반항주의자는 존재한다.
유교 사상이 지배하고 있을 때
묵자(墨子)는 과감히 천명(天命)을 거부하면서
운명론을 비판했다.
하지만 그는 인간의 나태함에 대한 비판으로서
운명론에 대한 거부가 아니라
사회 구조 개혁을 위한 도구로써 운명론을 거부했다.

✒ 그의 정신적 근원은
시대 반항적 철학이 아니라
시대 반항적 사회학이었다. 유교는 사회학의 범주에 속함.

 [나]를 행하다

이처럼 시대 반항적 사고의 대부분은
아쉽게도 사회학이다.
그의 철학은 사람에게 진정한 삶의 철학을 제시하지는 못했다.

☞ 그러나 장자(莊子)는 말했다.
"인의를 위해 죽으면 그를 군자라 하고, 재물을 위해 죽으면 소
인이라 한다. 내가 보기엔 두 죽음은 별 차이가 없다."

☞ 노자(老子)도 말한다.
"학문이나 지혜를 버리면 백성의 이득이 백배가 될 것이며 인의
도덕을 버리면 백성이 선한 본성으로 돌아갈 것이며 기교나 명
리를 버리면 도적(盜賊)도 없게 될 것이다."

☞ 저명한 서양 철학자의 생각과 달리
사회학이 발전할수록 인류는 정체한다.
이는 기본적으로 인간은 절대로 사람과의 관계 속에서
자신을 발전시킬 수 없는 [반사회적 동물]이기 때문이다.

☞ 인간이 사회적 동물이란 오류에 더는 빠지지 말라.
사람과의 관계가 중요하지 않은 것은 아니지만
그것이 존재와 진리를 찾는데

 [나]를 행하다

반드시 고려해야 하는 것은 아니다.

붉게빛남은 사람과의 관계를 고려하여 자신을 억압하기 시작하면 자신을 향할 수 없을 것이라고 말한다. 타자(他者)를 고려하지 말라는 것인가? 장자와 노자는 무슨 말을 하는 것일까? [반사회적 철학]을 주장해도 문제는 없는 것인가? 인의(仁義), 학문, 지혜, 도덕, 명리(命理), 이 모든 것이 우리가 생각하는 것과는 다르게 오염되어 있기 때문인가? 이 모든 사회적 미덕을 전복(顚覆)하고 새로운 세계를 구축하라는 것인가? 기존의 가치 아래에서 자신을 찾는 것은 불가능한 것인가?

그리고 그는 우리 삶 속에서 관계와 존재 [나]에 대하여 이렇게 말했다.

[나]를 행하다

🖋 사람들에게서 내가 자주 발견되면 나에게 [나]는 잘 발견되지 않는다. 두 가지 모두를 얻을 수는 없다.

🖋 내가 [나]를 보는 것은 사실 가장 쉽고 가까운 길이다. 사람들이 그 길을 막아서는 듯하다. 그런데 잘 생각해 보면 오히려 그들이 계속 나에게 길을 안내하고 있다.

인식의 행동화를 위하여

🖋 산속 시냇물 소리를 듣고 있으면 편안한데 사람과 있으면 그렇지 않다. 시냇물은 우리에게 아무것도 주지 않고 사람은 우리에게 많은 것을 준다.

 [나]를 행하다

5. 집단 중심적 삶의 세가지 과(過)

사회적 가치의 전복(顚覆)에 대한 붉게빛남의 주장은 이번이 처음은 아니지만 이에 대한 약간의 의구심을 느끼고 있는 사람들이 있는 것 같았다. 그렇다면 우리 삶은 혼란스러워지지 않을 것인가라는 우려와 함께. 다시 말하지만, 그가 말하는 가치의 전복(顚覆)은 [나]와 관련이 있을 것이다. 정의를 공부하는 친구가 물었다. 무엇 때문에 우리가 지켜 온 가치를 전복(顚覆)해야 하는지. 지금까지 우리 인류 위대한 철학자가 주장한 가치의 전도와 어떤 차이가 있는지. 결국 그가 주장한 내용의 반복은 아닌지에 대하여. 붉게빛남은 인정했다. 자신도 그와 크게 다르지는 않음을. 또한 모든 진리가 그러함. 그러나 21세기 현시점에서 우리 시대의 철학은 20세기 그와 같아서는 안 됨을 말했다. 크게 다르지 않지만 같아서도 안 된다. 계곡의 물을 연상하라는 말인가? 잠시 침묵 후 붉게빛남은 이렇게 말했다.

🖋 사람은 비참함에서 탈출하기 위해
스스로 발전하려는 본능적 의지를 갖고 있다.
인간이 자기를 개선하려고 노력하는 것은 필연적이다.
인간의 필연적 의지에 의해 탄생한 문명과
그에 수반되는 집단 사회성은

[나]를 행하다

어느새 그 의미가 전도되어
마치 사회 중심적 삶을 통해 인간이 발전되어온 것처럼
사람들은 인식하고 있다.

☞ 사회학자와 문명의 추종자는
인류 역사 속에서 인간의 주도적 역할을 박탈하고
사람에 의한 필연적 발전을
사회 구조의 공(功)으로 돌려 버린다.
인류의 발전에 미치는 인간 개체의 주도적 역할이 경시되고
공동체를 위한 목적이 인간 개체를 압도하게 되면
사람은 세 가지 과(過)를 겪게 된다.

☞ 집단 중심적 세계의
첫 번째 과(過)는 [사유의 정체]이다.
사람은 자기 성찰과 삶에 대한 사유를 통해
자신과 자신을 구성하는 삶의 원리를 인식하고
그로부터 진정한 자신과 삶의 풍요로움을 창조한다.
그리고 그 풍요로움은 바로 인간의 문화로 표출된다.

☞ 그런데 집단 중심적 삶은
사람에게서 사유의 필요성과 여유를 박탈하고

인식의 행동화를 위하여

[나]를 행하다

이는 곧 문화의 퇴보로 이어진다.
이와 같은 퇴보 현상은
이미 주위에서 쉽게 발견되고
이에 대한 극복은 미룰 수 없는 중요한 과제이다.

　　　이것이 바로 우리가 [나]를 잃어버리게 하는 원인은 아닌가? 우리는 [나]를 잃어버릴 수밖에 없는가?

☞　사람은 집단 중심적 삶을 통해
[삶의 의미 전도] 현상을 겪는다.
사람은 삶의 목적이 어느새
물질적 풍요로움과 권력에의 의지로 물들여져 있고
이로부터 삶이 그 가치를 상실하고 있다.

☞　소수 어리석은 사람의 의도대로
사람은 도구화되고
집단 목표 달성이라는 최면 속에
사람의 희생은 늘어만 가고 있다.
우리는 이미 [죽음 이전 죽음의 상태]에 빠져 있고
이 죽음의 상태에서 탈출하는 데에만도
용기와 희생이 필요하다.

 [나]를 행하다

존재 [나]를 행하다

죽음 이전 죽음의 상태, 나는 지금 살아 있는가? 숨을 쉬지만 죽음만을 기다리는 환자와 같지는 않은가? 무엇이 두려운가? 무엇이 두려워 병원을 벗어나지 못하는가? 우리, 벗어나야 하지 않겠는가?

☞ 집단 중심적 삶의 세 번째 과(過)는
[의지의 분열] 현상이다.
삶에 대한 굴복으로 사람은 무력화되고
마치 동물 무리 속에서 그를 구분하기 어렵듯이
사람 또한 동질화의 과정을 겪고 있다.
이제 사람은 자기 의지에 의심을 갖게 되었으며
그 의미조차 잊혀
존재가 분출하는 의지의 역할이 서서히 사라지고 있다.

☞ 우리는 인간을 발전시켜온 본질 창조에의 의지 을 지켜야 하고
미래 가치의 불명확성을 극복하기 위한 노력을
게을리해서도 안 된다.

☞ 지금까지와는 달리 우리의 미래는 절대로
국가와 사회를 위해 개인이 희생되는
집단 중심적 사회에 있어서는 안 된다.

 [나]를 행하다

☞ 이는 지금까지의 오류와 속임수로 충분하다.

　　　모두 붉게빛남의 말에 몰두하고 있다. 그러나 시선을 한 번 돌려 우리가 지금 어디에 있는지를 돌아보아야 하지 않겠는가? 붉게빛남은 이렇게 말했다. 우리가 국가를 위해 목숨을 바치는 것이 그렇게 훌륭한 일인가? 그 국가는 누구를 위한 국가인가? 우리 모두의 국가가 아닌 소수 특권자를 위한 희생을 애국심으로 착각하고 있지는 않은가? 과연 우리 국가는 믿을 만한가? 커다란 거짓에 기만당하고 있다고 생각되지는 않는가? 그렇다면 존재 [나]만을 위한 삶이 옳다는 것인가? 그것은 아니다. [나]와 타자(他者)의 평등한 삶이 우리 목표이다. 내가 희생하는 만큼 바라지 않더라도 바로 그만큼 나에게 돌아오는 삶을 원한다. 받기만 하고 이용만 하는 자는 모두 사기꾼이다. 붉게빛남은 현 사회 집단 구조의 모순을 극복하기 위해 변화가 필요함을 주장하고 있다. 그리고 바로 그것이 [나]를 찾기 위한 방법이기도 하다.

　　　그리고 그는 우리 삶 속 가치의 전복(顚覆)과 존재 [나]에 대하여 이렇게 말했다.

존재 [나]를 행하다

 [나]를 행하다

 이것이 [나]라고 생각되면 그것은 내가 아니다. 그렇다고 생각될 뿐이다. 왜냐하면 다른 내가 바로 나타나기 때문이다.

 아니다. 아니다. 하다 보면 [나]는 원래 없는 것인가 의문하게 된다. 그러나 그것이 나를 자유롭게 해 준다. 지금 무엇인가 하려는 것을 결정하는 이것 [내]은 무엇인가?

 나는 살아 있는가? 어차피 시간에 떠밀려 죽는 것이라면 사나 죽나 다를 바 무엇인가? 혹시 죽어도 변함없는 내가 있다면 난 그것을 위해 살겠다.

 [나]는 고요함이다. 타자(他者)에 의해 동요되는 것은 내가 아니라 나를 둘러싼 두꺼운 대타적(對他的) 유동층(流動層)이다. 이는 불투명하여 [나]를 가린다. 그러나 그렇게 마음 쓸 일 아니다.

 모두가 자기만을 위해 달라고 집요하게 요구한다. 국가조차 다르지 않다. 타자(他者)를 위한 삶을 사는 선인(善人)을 이용하는 자가 많기 때문에 [나]를 찾는데 시간이 오래 걸린다.

[나]를 행하다

6. 인류 생존의 역사

오늘 산속 아침은 생각보다 그렇게 춥지 않다. 산으로 둥그렇게 둘러싸인 산장은 산이 바람을 막아 주는 듯 조용한 아침 풍경을 보여주고 있다. 오늘 같은 고요한 아침 풍경은 바로 우리가 찾던 [나]와 닮지 않았을까? 시를 공부하고 있는 친구가 존재 [나]와 닮은 시를 천천히 들려주었다.

그의 시는 모두, 존재 [나]를 그리고 있다.

"어디선가 보았던 정다운 느낌 | 끝없던 코스모스 길이었던가. | 진달래꽃 부드러운 꽃잎이던가. | 어디선가 들었던 부드런 느낌 | 작은 절 처마 밑 빗소리던가. | 조용한 저녁 해변 파도 소린가. | 어디선가 느꼈던 달콤한 느낌 | 가을 새벽 하얀 안개 내음이던가. | 초여름 밤 초록 나무 내음이던가."

고요함은 모든 것을 포괄한다. 고요함은 모든 소음을 받아들인다. 실존적 존재 [나]도 그렇지 않겠는가?

 [나]를 행하다

이때, 철학을 공부하고 있는 친구가 물었다. 그렇다면 지금 우리가 파괴하고 전복(顚覆)하고자 하는 행위는 당위성이 있는 것인지에 대하여. [나]를 찾는 것과 함께 그것이 우리 인간 일반 모두에게 필요한 일인지에 대하여. 붉게빛남은 이렇게 말했다.

☞ 각 시대에서 철학의 힘이 약화되면
사람은 항상 새로운 철학을 창조한다.

☞ 우리 철학의 역사를 되돌아본다.
기원전 즈음 이상향을 위한 동서양의 철학은 최고조에 달했고
이어 논리학과 자연철학으로부터
인간은 고대, 중세 천 년 이상을
새로운 철학 없이 지낼 수 있었다.

☞ 르네상스 이후 사유의 자유로움으로 복귀되어
경험주의적 사고를 시작으로 하는
근대 사상이 성립되었고
이로 말미암아 우리는 수백 년간의 시대를 또 지내왔다.

 [나]를 행하다

☞ 그 후 19세기 말로부터 20세기 초까지
다시 인식론과 존재론을 선두로 하는
철학의 새로운 시도를 만났고
이 철학은 우리 현대 사회를 이끌고 있다.

☞ 이제 우리 시대는 철학이 쇠퇴하고 있다.
우리는 새로운 철학을 원하고 있다.
이는 단지 학문이 아닌 우리의 생존과 관련이 있다.
우리는 불완전한 철학에 의한 인류 파괴 역사를
이미 가지고 있다.
그리고 아직도 그 위험성은 사라지지 않고 있다.
우리 시대 새로운 철학은 무엇이고 누가 만들겠는가?

☞ 철학의 역사는 인류 생존의 역사이다.
새로운 철학은 존재를 탐구하는 과정에서 탄생한다.

　　　그런데 [나]를 위한 것과 사람을 위한 것이 동일한 것은
우연인가? 지금 [나]를 위한 것 하나를 떠올려 보자. 이것이 우리
가 존재를 탐구하는 이유인가?

　　　그리고 그는 우리의 철학과 존재 [나]에 대하여 이렇게 말
했다.

존재 [나]를 행하다

 [나]를 행하다

✔ 생존이 [나]를 향한 길을 막아서는가? 아침잠에서 깨어 처음 대하는 [나]는 생존함으로써 나타난다. 생존을 위한 구(求)함은 나를 [나]로부터 멀어지게 하지만 생존은 나에게 [나]를 인도한다.

✔ 철학은 진리를 찾는다. 진리는 최대 다수에게 최대 자유를 부여한다. 최대 다수에게 최대의 자유를 부여하는 삶을 산다면 그는 최고의 철학자이다.

✔ 철학의 시원(始原)은 [나]이다.

✔ [나]를 위한 것은 자유로움과 평온함을 전제로 해야 한다. 타자(他者)를 위한 것도 다르지 않다. 아주 어릴 때 깨우쳤어야 할 [삶의 평등]을 알지 못함에 모든 문제가 생긴다.

 [나]를 행하다

7. 인식에서 행동으로

붉게빛남은 우리를 이끌 실제적 사유를, 존재론적 철학을 원한다. 우리 인간 일반을 위하여 그리고 [나]를 위하여. 심리학을 공부하는 친구가 물었다. 그렇다면 새로운 철학을 위하여 우리들이 바로 지금 해야 하는 것이 무엇인지에 대하여. 과거 위대한 철학자의 사상이 힘을 잃고 이로써 우리가 방황하고 있을 때 우리가 무엇을 해야 하는지에 대하여. 붉게빛남은 우리 시대 철학에 대하여 이렇게 말했다.

〃 사람은 자신의 시대를 주도하고 있는 철학의 힘으로
자신을 유지하고 발전시킨다.
그러므로 시대사상은
인류와 각 개인을 인도하는 힘이며
시대 철학을 향한 인간 의지는
인간이 가질 수 있는 최대의 숭고함을 내포한다.

〃 그러나 위대한 정신의 탄생은 자기 시대를 성찰하고
그 성찰을 통해 자기 시대와 다가올 미래를 이끌 수 있는
그리고 우리를 자유롭고 평온하게 만들어 주는)
그 근원을 인식하고 그것을 사람에게 제시해야 하는
고통스러운 고뇌의 시간이 필요하다.

[나]를 행하다

☞ 이 힘의 근원은 _{철학}
인류 역사를 통해 끊임없이 변화의 과정을 겪고 있으며
이 변화는 사람에게 다른 삶을 탄생시킨다.
이제 우리를 지금까지 이끌어왔던
철학이 그 힘을 잃어가고 있다.
우리 시대, 무엇이 옳은지 알 수 없게 되었다.
우리는 지금과 다른 시대 철학의 탄생이 필요하다.

☞ 이제 인류는 통합 과정을 겪어야 하는 운명이다.
통합은 문화적 통합으로 시작될 것이다.
이로 인해 야기된 혼란으로부터 인류를 지켜야 하는
새로운 사명이 우리에게 다가오고 있다.
21세기를 맞는 우리는
우리 삶과 문화의 변화를 이끌 철학의 부재 속에서
혼돈의 시대를 맞고 있다.

☞ 이 철학의 부재 속에서 우리 삶은
혼란과 파괴의 과정을 시작하고 있으며
이는 이미 우리 주변에서 많은 사람이 겪고 있다.
이를 극복하기 위한 또 다른 철학을 위하여
이제 삶의 인식자는 _{철학자}
그렇게 많은 시간을 갖고 있지 않다.

 [나]를 행하다

어제 산에 오를 때부터 그는 통합과 평등을 말한다. 평등을 전제로 하는 통합이다. 평등을 전제로 하지 않는 통합은 단지 단어의 조합일 뿐이다. 무엇이 우리를 평등하게 할 것인가?

☞ 인식에서 행동으로.
우선 철학을 통합하는 일을 해야 한다.
인류는 생각 교류 수단의 예상하지 못한 확대된 역할로
단편적이고 부분적인 통합의 과정에 들어섰으나
개별적 생각은 우리에게 더는 힘을 주지 못한다.
이제 인류가 가지고 있는 주요 사상을 인지하고
그 사상을 통합하여
그로부터 모든 인류를 이끌 시대정신을 탄생시켜야 한다.
이는 문화, 종교, 언어, 민족, 철학의 통합을 모두 포함한다.

☞ 이와 같은 인류의 사상과 철학을 통합하기 위해
이제 행동해야 한다.
기존 철학의 습득과 끊임없는 통합 과정을 수행해야 한다.
자기 정신이 가지고 있는 사유 공간을 확대하여
자신 속에 숨어 있는 여러 사상을 찾아
인간 일반의 사유를 통합하는 철학을 도출해야 한다.
이것이 [통합사유철학]이다.

존재 [나]를 창조하다

 [나]를 행하다

☞ 시대 철학은 재창조되어야 하며
사람의 삶을 책임지고자 하는 누군가에 의해
반드시 창조될 것이다.

　　붉게빛남은 동행하고 있는 모든 사람에게 그 역할을 기대
하고 있다.

　　그리고 그는 존재 [나]를 위해 해야 할 것에 대하여 이렇
게 말했다.

 [나]를 행하다

✑ 인간 일반, 타자(他者)를 행복하게 만들어 주겠다고 공언하지만, 나 하나도 행복하기 쉽지 않다. 그런데 내가 행복하면 타자(他者)를 행복하게 하려는 마음이 잘 생기지 않는다.

✑ [나]를 찾는데 타자(他者)를 위한 철학이 어떤 역할을 하는가? 존재 [나]는, 나에 의해 만들어지는 것이 아니라, 타자(他者)와 대상(對象)에 의해 만들어진다.

✑ [나]를 찾기 위해서는 깨어 있어야 한다. 그리고 타자(他者)의 철학을 통합해야 한다. 그들 모두를 통합하는 철학을 발견하지 못하면 [나]에게 접근하기 어렵다.

[나]를 행하다

8. 비발디적 명랑함

붉게빛남이 말한 [평등]과 [통합에의 의지] 속에서 삶이 힘들어지는 것이 아닌가라는 생각을 하고 있을 때, 시를 공부하고 있는 시인이 다시 물었다. 삶에서 인식의 행동화를 이루어 나갈 때 나타나는 우리 모습에 대하여. 그리고 [나]를 만들어나갈 때 우리 모습에 대하여. 붉게빛남은 이렇게 말했다.

☞ 슬픔과 기쁨의 조화
가벼운 발걸음과 같은 상쾌함
야망을 지닌 자의 웅대함
변화에 대한 자연스러움
미풍 같은 가벼움
맑은 여름 하늘 같은 쾌적함

☞ 태풍의 진로를 보는 듯한 긴장감
아이와의 가벼운 입맞춤 같은 부드러움
별빛 같은 신비로움
어릴 때 느끼는 감미로움
벗과 함께 가을 저녁놀을 맞을 때의 포근함
무더운 밤 어깨를 스치는 바람의 서늘한 즐거움
이것이 비발디적 명랑함이다.

 [나]를 행하다

☞ 삶은 영원한 밝음이다.
지금 바로 음울함에서 벗어나라.
타자(他者)와의 평등을 위해 해야 할 일 많음을
삶의 어두움과 연관시키지 말라.
육체적 편안함은 추구하지 말라.
편안함은 마음으로 충분하다.

☞ 내가 타자(他者)를 향할 때 비로소 [나]는 나타난다.

　　　붉게빛남은 이렇게 말했다. [모든 철학을 통합하는 철학
을 제시해야 한다. 모든 문화를 통합하는 문화를 제시해야 한다.
평등을 실현해야 한다. 이 모든 것을 즐겁게 그리고 명랑하게 추
구할 자(者)들이 필요하다.] 이런 생각이 머리를 스친다. 바로 그
들이 [나]를 찾을 수 있는 자가 아니겠는가. 그렇다면 [나]를 찾는
것은 [세상의 철학을 제시함]으로써 비로소 달성하는 것인가?

　　　그리고 그는 존재 [나]를 만들어나갈 때 삶의 모습에 대하
여 이렇게 말했다.

　　　　[나]를 행하다

☞ 우리 명랑(明朗)해도 된다. 무더운 밤 어깨를 스치는 서늘한
바람에 즐거움을 느낀다면.

☞ 우리 두려워하지 않아도 된다. 지금 숨 쉴 수 있다면.

☞ 고독한가. 어두운가. 나를 바꾸는 것이 좋겠는가. 세상을 바꾸
는 것이 좋겠는가. 세상을 바꾸는 것은 의외로 간단해서 내
주위 열 사람으로 충분하다.

☞ 행(行)함이 같으면, 진리를 알고 행(行)하나 모르고 행(行)하
나, 결과는 그렇게 다르지 않다.

[나]를 행하다

9. 의지의 부정

"주변 사람, 우리 이웃, 우리 국가 그리고 모든 인류를 위한 철학을 준비하고 노력하고 창조하라. 그것이 잃어버린 [나]를 찾기 위한 첫걸음이다." 우리 목표는 [나]를 찾는 것이다. 그런데 그는 타자(他者)를 위한 철학을 주장한다. 둘은 어떤 관계를 가지고 있는 것인가? 이때 신과 종교에 관하여 공부하는 자가 물었다. 사람은 힘의 한계를 가지고 있으며 삶의 변화를 위해 우리가 어찌할 수 없는 것도 있을 것인데, 이 무력함을 어떻게 생각해야 하는지에 대하여. 특히 사람은 자신의 감정조차 제어할 수 없는데, 어떻게 인간 일반의 삶을 위한 철학을 제시할 수 있을지에 대하여. 붉게빛남은 이렇게 말했다.

☞ 사람이 자신의 감정에 의해 사유와 행동이
자신의 선(善)한 본성으로부터 벗어나게 되는 원인은
감정의 반의지적 작용에 기인한다.

☞ 그래서 자기 의지와 반하여
자기에게 다가서는 감정으로부터 자신을 유지하기 위해서는
밀려드는 감정을 자기 사유 공간 일정 영역으로 받아들여
우리 사유 공간 전체를 흐트러뜨리지 않으려는
시도를 해야 한다.

 [나]를 행하다

☞ 이처럼 [감정의 사유화(思惟化)]는 연습이 필요하다.
평온함은 자기와의 투쟁을 통해 자신의 사유 공간을
감정에 정복당하지 않으려는
끊임없는 노력의 결과로서 비로소 달성할 수 있다.
감정의 사유화(思惟化)를 통한 감정의 사유 통합,
고통스러운 연습 과정 없이
자기감정을 정복했다고 오해하지 말아야 한다.

이것이 우리가 자신을 정복하지 못하는 이유인가? 우리는 우리 인식이 순식간에 무너짐을 끊임없이 경험하고 낙담한다. 사람이 자기감정을 정복하기가 그토록 어려운 것은 감정 사유화(思惟化)의 어려움에 대한 이해 부족이었을지도 모른다. 붉게빛 남은 다시 이렇게 말했다.

☞ 감정의 근원에 관한 인식은
감정이 우리 사유 공간에서 차지하는 위치를 제시한다.

☞ [분노]는 자기가 정의(正義)라고 생각한 것이
자기 생각대로 되지 않았을 때

[나]를 행하다

[미움]은 자기 의지를 손상하는 대상에게
자기 의지를 회복시키려 할 때
[즐거움 또는 기쁨]은 우연히 또는 자신의 노력으로
자신의 의지대로 되었을 때
[호의 또는 사랑]은 한 대상을 통해
자기 의지가 실현되리라는 것을 기대할 때
우리 사유 공간 속에 새로운 영역을 구성하는 현상이다.

☞ 이처럼 감정은 자신 또는 대상을 통해
자신의 의지가 손상되거나
자기 의지가 성취될 때 발생한다.
그러므로 우리 의지가 존재하지 않으면
감정도 존재하지 않음을 유추, 인식할 수 있다.
의지로부터 벗어남이
감정에서 자유로울 수 있는 우리의 중요한 행동이다.

☞ 감정은 사유 공간 중 일정 영역과 연관되며
그것이 의지와 무관할 때 반의지 영역으로 인식된다.
그리고 사물이 감정을 가질 수 없는 것은
그 무의지성에 기인하는 것이다.
이로부터 사람이 감정에 자유롭기 위해서는
자신의 [의지를 부정]해야 함을 알 수 있다.

 [나]를 행하다

☞ 그러나 [의지의 부정]이 불가능한 영역이 존재하는데
그것은 인간의 본능적 의지이다.
이는 부정될 수 없는 삶의 근원이며
이로써 사람은 감정에서
완전한 자유를 성취할 수는 없다.

☞ 인간의 모든 의지가 부정됨으로써 나타나는
[의지의 분열] 상태, 인간의 혼돈과 파괴 상태는
다른 저서 _{통합사유 철학강의} 에서 기술될 예정이다.

붉게빛남은 감정으로부터 자유롭기 위한 방법으로서 [의
지의 부정]을 제시했다. 이는 의지의 분열과 다르며, 자기 의지화
할 수 있는 영역, 즉 자의적 행동이라 말했다.

☞ 의지의 부정과 달리
타의적 영역인 의지의 분열을 방치해서는 안 된다.
감정과 의지의 관계에서
현대인의 감정이 그 다양성을 잃어가는 것은
인간 의지의 자의성 부족에
그 원인이 있음을 유추할 수 있다.

[나]를 행하다

☞ 자의적 의지가 분열되는 현상을 막아야 한다.
그리고 의지의 고귀함을
사유를 시작하는 자에게 일깨워 주어야 한다.
그가 의지를 탐구하고 또 발견하는 데
충분한 시간을 보내도록 그를 자유롭게 해주어야 한다.

☞ 지금 의지 분열 현상을 막지 못한다면
오래지 않아 인간은 다양성이 결여된
본능적, 지성적 의지만으로 자기 삶을 구성할 것이며
이로 인한 사람의 운명은
역사상 어느 시대보다도 암울할 것이다.

☞ [감정에서 자유롭기] 위한 의지의 부정은
자의성을 전제로 한다.
감정의 자유를 위해 자의성이 결여된 분열된 의지를 보인다면
그것은 감정의 자유를 위해
[삶의 자유]를 포기하는 것과 같다.

　　　[의지의 분열]은 어제 오두막 카페에서 그 위험성을 이미
언급했다. 자유정신은 [나]를 향한 최대 출구인데, 의지의 분열
은 자유정신을 억압한다. 우리는 희망의 시대를 살고 있는가?

 [나]를 행하다

암울한 시대를 살고 있는가? 태어나 즐거운 어린 시절을 보내고 적절히 필요한 것을 배우며, 젊은 자유로움을 누리고, 적절한 노동을 하고, 자기 삶을 만들어나가고, 자신의 꿈을 성취하고, 가족을 행복하게 하고, 그리고 병과 늙음과 싸우다 생을 마감하는 이런 평범한 삶의 과정이 천 년 전보다 과연 개선되었는가?본능적, 지성적 의지만으로 구성된 삶의 세계를 상상해 보았는가?

이런 질문이 끝임없이 머리를 스친다. 보통 사람은 타자(他者)에게서 더는 얻을 것이 없다고 판단되는 순간, 지금까지 자신을 이끌어 왔던 사람에게 등을 돌린다. 물론 이것은 자신을 드러내기 위해서 그로부터 자신이 독립임을 증명해야 하기 때문이기는 하다. 사람은 그것을 항상 준비하고 있다. 나는 여러 사람에게서 타자(他者)에 대한 고마움을 오랫동안 간직하는 못 하는 모습을 자주 보았다.

그래도 그들은 눈부시도록 아름답다.

그리고 그는 우리 감정과 존재 [나]에 대하여 이렇게 말했다.

 [나]를 행하다

🌿 이런저런 내 모습에 실망하지 않아도 된다. 내가 생각하는 [나]로서 타자(他者)에게 보이지 않았을 뿐이다. 나도 [나]를 모르는데 타자(他者)가 어찌 [나]를 알겠는가. 그가 맞을 때도 있다. 걱정 없다. 우리가 사랑스러울 때도 기억할 테니.

🌿 나는 용감할 때도 있고 비겁할 때도 있다. 나는 너그러울 때도 있고 공격적일 때도 있다. 분명 [나]는 감정을 초월한 그 무엇이다.

🌿 나는 의지로부터 자유로운 존재일 수 없다. 감정은 의지로부터 기원한다. 그러므로 나는 감정에 자유로울 수 없다. 하지만 마음 놓아도 된다. 의지는 [나]로부터 기원한다.

🌿 의지가 나를 힘들게 한다. 그러나 걱정 없다. [나]는 의지를 취할 수도 부정할 수도 있다. 우리가 [나]를 찾아 그래도 좋은 것 몇 가지 중 하나이다.

🌿 걱정 없다. 나의 의지가 분열되어 절망하기 전에 존재 [나]는 나를 돕는다. 나를 죽음과 같은 고통으로부터 구출하는 것은 우리가 그렇게 찾았으나 숨어 버렸던 [나]이다.

🌿 [나]는 토요일 해가 드는 오후, 문득 한가함이 느껴지면 잠시 나를 찾아온다. [그]는 나와 이야기하고 싶어 하는데 나는 항상 다른 친구들을 찾는다. 그렇다고 서운해하지는 않는다.

 [나]를 행하다

10. 어리석은 현명함

소나무가 반갑다. 밝음과 함께 그 모습이 뚜렷하다. 그 모습은 왜 바늘과 같이 길어졌는가? 하지만 그는 날카롭지 않다. 아마도 추위에 견디기 위한 진화였을 것이다. 우리의 모습도 그렇지 아니한가? 붉게빛남이 말하는 것을 이해할 수 있을 정도로 자신이 현명한지에 대하여 의구심을 가지는 듯한 음악을 공부하는 친구가 물었다. 우리의 어리석음과 현명함에 대하여. 우리가 죽을 때까지 현명해질 수 있을지에 대하여. 붉게빛남은 그의 어리석음, 사람의 어리석음에 대하여 이렇게 말했다.

☞ 우리는 그만 현명해지는 것이 좋을 것 같다.
항상 그렇지는 않지만
시간의 흐름에 나이가 듦에 따라
사람의 삶은 유감스럽게도
고귀함이 사라져가는 경향이 있다.

☞ 고귀함의 특징은 삶을 위한 열정에 있으며
이 열정은 견디기 어려운
의지의 극대화와 힘의 발산이 필요하기 때문에
시간이 흐름에 따라 사람은
이로부터의 도피를 선택하게 된다.

 [나]를 행하다

🖋 자기 존재 속에서 숭고함을 유지하기 위해서는
삶의 향상을 위한 자기 열정을 포기해서는 안 되며
사람이기에 범하는 몇번의 실수를 제외하고
어떠한 나태함도 나태함과 한가로움은 다른 이야기이다.
용납되어서는 안 된다.

🖋 우리는 죽는 순간까지
자기 삶의 고귀함을 잃지 않도록 노력하는 것이 좋다.
고귀함을 향한 열정이 식어 버림으로써
삶의 총체적 열정이 의미를 잃기 시작하기 때문이다.
그러면 삶에서 즐거움이 멀어진다.

🖋 그런데 나이가 들면서
사람은 고귀함과 그에 따른 열정을 잃기 쉬운데
사람들은 보통 이를 오히려 현명하게 되었다고 한다.
이 기준이라면 현명하게 되지 않도록 노력하는 것이 좋다.

　　　　우리는 현명한가. 그리고 현명할 필요가 있는가. 우리 시
대, 어리석음과 현명함을 정확히 알고 있는가. 오히려 우리 모두
현명하게 되지 않기를 바란다.

 [나]를 행하다

[나]를 찾기 위해서, 사람들이 원하는 현명함은 필요 없다. 그러니 음악가가 자신 없어하는 현명함을 이루려 노력할 필요도 없다.

그리고 그는 우리의 현명함과 실존적 존재 [나]에 대하여 이렇게 말했다.

당신의 행동학은 무엇인가

[나]를 행하다

나이가 듦에 따라 [나]와 가까워지는 경우도 있지만 [나]에게서 멀어지는 경우가 더 많다. 이유는 여러 가지. 보통 약간 아쉬울 정도로 [나]를 향하는 시간이 조금 늦다.

나는 현명하려고 노력하지만 결국은 어리석어진다. 현명함과 어리석음이 크게 다르지 않기 때문이다. 현명치 않은 삶의 자유로움이 눈물 나도록 그리울 때가 그리 멀지 않다.

현명해지려고, 현명함을 드러내려고 너무 노력할 것 없다. 내가 없어도 산(山)속 물은 흐르고 꽃은 핀다.

너무 향기로운 물은 향수(香水)로밖에 쓸 일이 없다.

현명함과 어리석음을 바로 알고 있는가. 지금 그대로 라면 우리 모두 현명하게 되지 않기를 바란다. 현명하게 되려 애쓸 것 없다. 그러니 우리 마음 편히 가져도 된다.

 [나]를 행하다

11. 겸손의 문

　이제 출발이다. 길을 오른다. 정상까지 가는 길은 좁고 험한 길이다. 길 양옆으로 알 수 없는 나무가 가득하다. 우리가 삶에 대하여 모르는 것과 지금 이 나무에 대하여 모르는 것이 다르지 않게 느껴진다. 이 나무는 여기에 가장 큰 의미로 존재하고 있다. 나에게 이름도 기억되지 않은 채 여기 있다. 몇 그루, 이름이 떠오르는 나무만이 이 산 정상 근처에 있던 나무로 내 기억 속에 남을 것이다. 정상에 도착하자 안개는 거의 걷혀 시야가 뚜렷해지고 멀리 차분히 가라앉은 안개와 조용한 낡은 집이 보인다. 여기 정상까지 오르면서 숨이 차오르지만 몇 사람 경험자의 말이 도움이 되었다. 목표를 아는 것만으로도 우리는 자신을 조절하고 제어할 수 있다. 정상 위 따뜻한 해가 비추는 바람이 적은 곳에 사람들이 모여 붉게빛남이 말한 현명함에 대하여 이야기하고 있었다. 이때 글을 쓰고 있는 한 소설가가 물었다. 우리 삶은 운명적인지 아니면 의지로 변화하는 것인지에 대하여. 무엇이 현명한 태도인지에 대하여. 붉게빛남은 따뜻한 햇볕을 받으며 이렇게 말했다.

　🖋 삶에 대한 태도로 운명론을 선택할지 의지론을 선택할지에 많은 시간을 허비할 필요 없다.
그렇게 중요하지 않기 때문이다.

 [나]를 행하다

☞ 삶은 두 가지를 모두 포함하는
인과주의적 결정론을 근원으로 한 [운명론]
자유의지로 구성될 것이기 때문이다. [의지론]
자유의지는 인과주의적 결정론의 도움 없이 작용할 수 없으며
자유의지의 도움이 있어야 인과주의적 결정론은 완성된다.

우리는 운명론과 인과론의 관계에 대해 조용히 생각했다.

☞ 삶을 운명론 또는 의지론 중 하나로 선택하려는 오류는
[삶을 고정된 시점에서 고찰하려는 의도]에서 발생한다.
현재 시각으로 고정할 것인지
미래 시각으로 고정할 것인지의 결정이다.
그러나 우리 삶은 시간 변화성을 가지며
절대 고정된 시점에서 결정되는 것이 아니다.
이를 고려한다면 삶을 향한
양분 논리 태도에 대한 무모성이 드러난다.

☞ 삶의 양분 오류의 또 다른 근원은
우리 삶을 자기 의지만으로 구성하려는
[사람의 끊임없는 구(求)함]에서 출발한다.
자기는 그렇지 않다고 스스로 생각할지는 모르지만

존재 [나]를 행하다

[나]를 행하다

사람이 이 속박으로부터 벗어나는 것은 거의 불가능하다.
사람은 죽음 직전까지
구(求)함에서 벗어나지 못하기 때문이다.

☞ 우리 삶과 사유는 의지와 함께 삶을 추구하는 존재
그리고 존재와 의지를 포괄적으로 포함하는
인식 작용으로 공간 세계를 구성한다.
존재, 의지, 인식에 대한 성찰만이
양분의 오류로부터 벗어나는 길을 제시할 수 있다.
삶은 절대로 의지만으로 구성되지 않는다.
의지에 의한 지나친 구(求)함으로 잃는 것이 너무 많다.

☞ 그런데 우리는
자신이 나태해지고 힘이 없다는 것을 인식하게 되면
극단적 인과주의적 결정론 즉 운명론으로
자신의 삶을 합리화시키려 한다.
시간이 지나고 나이가 많을수록
이 경향은 점점 커질 수밖에 없고
결국 이러한 운명론은 바로 현명함으로 인식될 때도 있다.
왜냐하면 사실은 나이가 듦에 따라
더 현명해지는 사람은 소수뿐임에도 불구하고

 [나]를 행하다

일반적으로 나이 든 사람은 자신이 현명하다고 생각하며
그리고 많은 사람들이 나이가 들면 현명해질 것으로
착각하고 있기 때문이다.

☞ 현명해지기 위한 가장 좋은 한 가지 방법이 있는데
그것은 누구에게나 머리 숙여 타인의 생각을 받아들이는
겸손의 문을 넘는 것이다.
누구나 알 수 있을 것 같은 이 방법을
사람은 거의 사용하지 않는다.
이상할 정도로 이 겸손의 문을 넘지 못한다.

☞ 삶은 그렇게 불공평하지 않다.
고개 숙여 겸손의 문을 지나는 수고를 하면
눈부신 넓은 평야가 펼쳐져 있을 것이다.
거기에는 의지도 운명도 없다.

　　　붉게 빛남은 이렇게 말했다. "의지론적 삶과 운명론적 삶
속에서는 [나]를 찾을 수 없다. 자신이 어느 한 쪽에 치우쳐 있다
면 그로부터 벗어나라." "겸손한 자만이 [나]를 찾을 수 있다. 겸
손함이란 투명함의 기초이다." 그런데 지금 나는 의지론 또는 운
명론에서 자유로울 수 있는가? 겸손한가? [나]로 향하는 길이 험
난해지는 느낌이다.

[나]를 행하다

그리고 그는 우리 삶에 대한 관점(觀點)과 존재 [나]에 대하여 이렇게 말했다.

[나]를 행하다

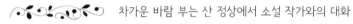
🖋 어디에도 [나]는 없다. 그런데 어디에도 [나]는 있다. 백 가지 그림이 아름다운 계곡과 가을 당단풍을 그려도 산을 모두 그릴 수 없는 것과 같다. 그림은 산으로 사람을 인도할 수는 있겠지만 산속을 거닐어야 산을 느낄 수 있다.

🖋 나는 나무도 보고 계곡도 보고 산속 짐승들 그리고 산속에서 보이는 하늘도 본다. 무엇을 보든 나는 산속에 있다. 존재 [나]도 그렇다.

존재 [나]를 행하다

🖋 [나]는 모두와 다르다. 그런데 [나]는 모두와 같다. 누구나 알수 있는 이유로.

🖋 혼자 붉은 아침 놀을 보고 있는 [나]와 사람 사이에 있는 [나]는 같다. 그런데 다르다. 모두 그렇다. 너그러운 마음을 가져도 된다. 그와 [나] 그렇게 다르지 않다.

 [나]를 행하다

12. 고귀한 그리고 인간적인

정상에서 바람이 일기 시작한다. 정상은 모든 것이 모이는 장소이다. 변화는 그 본질이다. 이 변화 속에서 변화하지 않는 것이 존재하는가? 이 정상에서 [나]의 본질이 느껴진다. 바람의 방향이 불규칙적으로 바뀐다. 우리 모습과 같다. 욕구하고 분노하고 취사(取捨)하고 애착한다. 나를 드러내려 열심이고 그것이 이루어지지 않으면 분노한다. 좋은 것을 취하려 하고 영원을 구(求)한다. 붉게빛남은 이 정상에서 우리가 무언가 발견하기를 바라는 것 같다. 심리학을 공부하고 있는 친구가 물었다. 우리 삶의 오류에 대하여. 우리를 자꾸 존재 [나]로부터 멀어지게 하는 우리 삶의 오류에 대하여. 붉게빛남은 이렇게 말했다.

우리를 둘러싼 것을 조용히 보라.
인간적인 것의 오류, 삶에 대한 양분의 오류
현명함의 오류, 고귀함에 관한 오류, 삶의 구성에 관한 오류
우리 시대 이 오류 속에서
어떤 사람도 어리석어지지 않을 수 없을 것이다.

우선 고귀한 것과 인간적인 것의 일치를 원한다.

 [나]를 행하다

이미 인간적인 것에 대한 가치는 추락했다.
인간적인 것은 우리가 바로 인간임에도 불굴하고
가능한 피해야 하는 저급의 정신 상태를 나타내는 의미로까지
사람에게 받아들여지고 있다.

☞ 우리는 인간적인 것과
운명론, 나약함을 일치시키려는 시도를 여러 곳에서 본다.
우리는 운명론과 그 나약함에 종속되어서는 안 된다.
그것을 인간적이라고 생각해서도 안 된다.
인간적인 것은 사자와도 같은 강인한 자유정신이다.
운명 따위는 관심 없다.

☞ 고귀함을 가지고 삶을 숭고하게 유지하기 위해서는
많은 시간이 걸리더라도
그 인간적인 것의 의미를 회복해야 한다.
무엇을 할 것인가 생각하라.
교육 과정을 바꾸면 될 것인가.
우리의 정치 대표자를 바꾸면 될 것인가.
사회의 부조리에 대항하여 투쟁하면 될 것인가.
나 아닌 자의 생각
나 아닌 자의 행동을 바꾸어야 하겠는가.
그러나 모두 별로 소용없는 일이다.

 [나]를 행하다

☞ 필요한 것은
타자(他者)가 아닌 우리의 행동이다.
'자유정신을 행동으로'
이것이 우리의 답이다.

　　　그는 행동(行動)에 대하여 다시 말했다. [나]를 발견하기
위한 다섯 번째 열쇠는 '행동'임을 주장하면서. 왜 행동이 [나]를
찾기 위한 방법인가? 인식과 행동은 무엇이 다른 것인가? 어디
까지가 그가 말하는 '행동'의 범위인가? 그리고 붉게빛남은 이렇
게 말했다.

☞ 인식은 나를 고양한다.
행동은 나를 파괴한다.
인식은 타인을 사랑하게 한다.
행동은 내가 타인이 되도록 한다.
인식은 잊힌다.
행동은 영원히 기억 속에 있다.
인식은 생각한다.
행동은 결정한다.
인식은 변화시킨다.
행동은 고정한다.

 [나]를 행하다

☞ 타자(他者)의 행동을 강요하지 말라.
자신의 행동으로 타자(他者)를 움직이라.
타자를 움직일 수 있는 것만이
나도 움직일 수 있다.

　　그리고 그는 우리의 인간적인 것에 대한 오류와 존재 [나]
에 대하여 이렇게 말했다.

존재 [나]를 행하라다

 [나]를 행하다

[나]는 고요함이다. 마음 흔들리고 불안해도 마음 놓아도 된다. 그 고요함이 나를 평온케 할 것이다.

거센 바람이 불어와 파도를 일으켜도 걱정 없다. 파도를 일으키는 것은 극히 표면일 뿐이다. 바다는 바람이 일어도 걱정하지 않는다. [나]도 그렇다.

선한 나는 내가 아니며 악한 나도 내가 아니다. 선하고 악함은 사람과의 관계일 뿐이다. 걱정 없다. 악한 자도 선하다. 아주 특별한 경우를 제외하고는 우리가 그를 악하게 한 것이며 우리가 그를 선하게 한 것이다. 우리의 선악도 그렇다.

[나]를 행하다

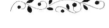

13. 노예의 투쟁과 자유인의 투쟁

아직 오전이다. 태양이 나뭇잎 사이에서 빛을 발하고 있다. 해를 직접 볼 수는 없지만, 나뭇잎 사이로 볼 수는 있다. 저 엄청난 밝은 태양과 같은 것이 혹시 존재 [나]는 아닌가 하는 생각이 머리를 스친다. 우리에게 나뭇잎이 필요한 것 아닌가. 나뭇잎 사이로 언뜻언뜻 보이는 해를 보듯이 [나]는 결국 언뜻언뜻 볼 수밖에 없는 것 아닌가? 이런 생각을 하고 있을 때 미술을 공부하는 친구가 물었다. 우리는 타자(他者)와 함께 살고 있고 그들과의 투쟁과 경쟁을 통하여 삶은 비로소 만들어지고 완성되는 것이 아닌지에 대하여. 붉게빛남은 이렇게 말했다.

☞ 삶을 타자(他者)와의 투쟁이라고 생각하는 것은
오랜 노예 생활에서
아직 풀려나지 못한 자에게 볼 수 있는 피해야 하는 발상이다.

☞ 우선 자신에 대한 불신과 회의를 해결해야 한다.
자신의 존재에 관한 의문으로 가득 차 있어
자기 존재 탐구에 오랜 시간을 할애해야 할 것이다.

☞ 삶은 타자와의 투쟁이 아니라
자기 의지를 완성하는 과정이다.

 [나]를 행하다

그러나 우리는 자신만이 존재하는 사유 세계의 길로 접어들면
바로 회의와 불안에 싸이게 된다.
그 길이 과연 정상으로 가는 길인지 영원한 미로 속에서
굶주림과 추위에 고통을 겪어야 할 길인지에 대한
두려움 때문이다.

☞　우리에게는 지금 편안한 마음(安心)과
편안한 즐거움(安樂)에 대한 믿음과 확신이 필요하다.
그러나 걱정하지 말 것. 희망으로 자신을 고양(高揚)할 것.
지친 노예 상태로부터의 탈출이 필요하다.
무엇을 망설이고 있는가?
희망에 대한 역설적 표현으로
인간을 미혹시키는 우화(神話)로 판도라의 상자 인해
희망을 과소평가해서는 안 된다.

☞　우리는 타인과 독립적인 자신의 길을 갈 때만
비로소 자유로울 수 있다.
모든 일은 자기 의지에 의해 수행되고 성취되는 까닭이다.
사람들이 생각하는 바와 같이
타자(他者)와의 투쟁 속에서
자기 의지가 표출될 수 있으리라는 기대는

 [나]를 행하다

하지 않는 것이 좋다.

☞ 작은 일로 사람들과 투쟁하지 말라.
고귀한 의지가 표출되기도 전에 진흙으로 더럽혀질 것이다.
진흙 속에서는 진주와 생선의 눈(魚目)이 잘 구별되지 않는다.

　　　사람들은 타자와의 투쟁 없는 삶에 대하여 생각하고 있다.
의식주(衣食住) 모든 것이 갖추어져 있다면 그런 삶이 가능하겠
는가? 삶이 투쟁화된 것이 가난 때문인가? 그렇지 않다는 것은
분명하지 않은가? 그러면 어떻게 하면 될지도 자명하지 않은가?

☞ 과연 우리가 자기 힘으로
삶을 투쟁으로부터 자유롭게 할 수 있을지 생각하라.
욕망, 욕구와 그로부터 분노, 이기심
끝임없는 집착에서 어떻게 자유로울 수 있을지 생각하라.

☞ 결국 삶의 투쟁에서 벗어나기 위해서는
타자(他者)가 아닌 타자에 의한 치유는 일시적일 뿐이다.
나 자신으로부터의 변화가 필요하다.
아무도 그것을 가르쳐 주지 않으며
가르쳐 줄 교육자와 교육 기관도 없다.

 [나]를 행하다

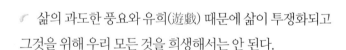
☞ 삶의 과도한 풍요와 유희(遊戲) 때문에 삶이 투쟁화되고 그것을 위해 우리 모든 것을 희생해서는 안 된다.

그리고 그는 삶에서 사람들과의 투쟁과 존재 [나]에 대하여 이렇게 말했다.

 [나]를 행하다

☞ 존재 [나]는 '있다고 하여 찾아도' '없다고 하여 찾지 않아도' 모두 맞는 말이다. 누군가는 모른다고 했지만.

☞ 바닷물이나 흙탕물이나 모두 근원은 물(水)이다. 그렇다고 [나]를 물(水)과 같은 변하지 않는 근원이라고 생각하지는 않 겠지.

☞ 내가 [나]를 보지 못하는 이유는 타자(他者)를 보느라 [나]를 볼 시간이 없기 때문이다.

☞ 내가 [나]를 보지 못하는 이유는 타자(他者)에게 잘 보이려 [나]를 너무 치장하기 때문이다. 화장이 너무 두껍다.

[나]를 행하다.

14. 의지의 변형과 통합

감동은 우리를 변화시키는가? 작은 말 한마디가 인간을 움직이는가? 누구의 이야기가 우리를 감동하게 하는가? 우리는 감동을 주는 이야기를 원하는가? 감동이란 무엇인가? 결국 자신의 아픔과 아쉬움, 때로는 기쁨을 상기시키는 것 아닌가? 우리는 감정을 극복하고 '잃어버린 나를 찾기 위해' 여기까지 왔다. 우리의 철학은 나를 위로하는 치유가 목표가 아니다. 타자를 위로하는 격려의 말도 아니다. 우리 자신의 위기, 타자(他者)의 위기, 인간 일반의 위기를 극복하는 철학을 도출하기 위한 준비를 하는 것이다.

감동과 감성 속에서 눈물 흘리고 기뻐하고 또 공감하는 여유로움은 잠시 잊어 버리자. 여기 있는 사람들은 어려운 단어의 집합 속에 들어 있을지 모르는 진리를 찾기 위해 모두 인내하고 있을 것이다. 이런 생각을 하고 있을 때, 시를 공부하고 있는 시인이 물었다. [나]를 발견하기 위한 우리 행동 지향점에 대하여. 그리고 이와 같은 행동을 일으키는 의지 작용의 기원에 대하여. 붉게빛남은 이렇게 말했다.

☞ 사람의 [의지]는
[존재]와 [인식]의 통합 사유 작용에 의해 실현된다.

 [나]를 행하다

인식의 행동화를 위하여

이때 타자와의 투쟁은
자기 의지에 어떤 긍정적 의미도 주지 않는다.
인간이 타자(他者)의 의지와 투쟁한다면
이미 타자 의지에 의해 자신의 의지 작용이 영향받게 되며
이로써 자기 의지가 변형되지 않을 수 없다.

☞ 자신의 처음 의지 작용이
타자의 의지에 의해 변형되는 것은
본능적 자기 보호 의지로 인해
의지를 변형하여 자신을 지키려고 하기 때문이다.

☞ 그러므로 삶을 자기 의지대로 하려면
타자의 의지에 대한 투쟁 또는 반작용으로서
자기 의지를 변형하는 것이 아니라

☞ 타자 의지를 사유하고
그의 존재와 인식 작용을 성찰함으로써
타자의 사유 세계를 자기화해야 한다.
타자의 세계가 자기화되면
이제 타자의 의지는 더는 투쟁의 대상이 아니라
자기 의지와의 통합 대상이 된다.

 [나]를 행하다

☞ 즉, 내 의지가 타자의 의지이며
타자의 의지가 내 의지가 된다.
[타자와 나의 의지 동질화]

☞ 이는 천진한 어린아이와 같이 있을 때의
너그러운 어른의 상태와 비슷하다.
보통 어른은 아이가 자기의 주장을 펼 때
아이의 인식 상태, 존재 상태를 모두 살피고
그의 의지를 들어 준다.

☞ 그러나 본능적 자기 보호 의지는
타자 의지의 자기화 과정보다 강력하다.
이 같은 의지의 투쟁은 자기 의지를 변형시키고
이 변형된 의지로 인해
자기 존재와 인식을 포함하는 사유 공간을 변형시킨다.

☞ 이때 우리는 타자의 의지가
자기 의지를 변형했음에도 불구하고
자기화를 통한 의지 통합으로
잘못 인식하는 오류를 범하기도 한다.

[나]를 행하다

☞ 타자(他者)의 의지에 의한 자기 의지 변형 또는 통합은
타자 의지의 자기화 과정의 차이에 의해 구분할 수 있다.
[의지의 변형]은
자기 사유 공간이 증감 없이 변형될 뿐이며
[의지의 통합]은
자기 사유 공간에 타인의 사유가 더해져 통합된다.

☞ 산에 오를 때 두 가지 등산로에서
타자의 생각에 따라 자기 생각과 다른 길을 택하는 경우
보통 등산 초행자의 경우
자신이 가보았던 길에 대한 미련으로
불만을 가진다. [의지의 변형]

☞ 그러나 산에 대해 모든 것을 아는 전문 등산가는
두 길 중 어느 길의 선택도
자기 마음(의지)에 영향을 받지 않는다.
그는 이미 산을 잘 알기 때문이다. [의지의 통합]

☞ 이같이 삶을 타자와의 투쟁으로 생각하면
사람은 끊임없이 자기 의지 변형과
통합 사유 공간의 변형을 겪지 않을 수 없다.

 [나]를 행하다

우리는 어느새 자기 의지가
방향을 잃고 있음을 발견하게 된다.

　　그는 부드러운 미풍(微風)과 함께 다시 이렇게 말했다.

　타자는 보통 우리가 정말 할 수 없는 것을 원하지는 않는다.
만일 그렇다면 그것은 완전히 다른 이야기이다.
우리는 오래된 투쟁 습관으로
그와의 투쟁을 선택한다.

　우리는 타자(他者)와 다른가?
어떻게 다른가?
타자의 의지가 모두 실현되면 나에게 불리한가?
타자와 작은 일에 투쟁하지 말라.

　우리는 왜 철학과 진리를 찾는가?
우리는 자유로운가?
쇠사슬에 묶여 있는가?
타자와 작은 일에 투쟁하지 말라.
그를 인정하여 자유롭게 하라.
그가 자유롭지 않은 한, 나도 절대 자유로울 수 없다.

　　[나]를 행하다

☞ 그들 타자(他者) 민중(民衆)의 자유가 바로 [나]의 자유이다.
그들이 자유로울 때 비로소
실존적 존재 [나]는 그 모습을 드러낼 것이다.

　　사람들의 자유가 [나]의 자유이다. 우리는 과연 그렇게 생각할 수 있는가? 타자(他者)의 자유는 나를 억압하는 것 아닌가? 그렇게 교육받지 않는가? 많은 위대한 철학자도 그렇게 이야기하지 않는가?

　　그리고 그는 삶 속에서 쓸모없는 나를 위한 의지의 투쟁과 존재 [나]에 대하여 이렇게 말했다.

존재 [나]를 행하다

[나]를 행하다

🖋 자신이 타자(他者)보다 우월해 보이고 다르게 보이면 [나]와 가장 멀어진 때이다. [나]는 가장 낮은 곳에 있기 때문이다.

🖋 내가 원하는 것과 타자(他者)가 원하는 것이 같으면 모든 갈등이 사라진다. 타자(他者)가 원하는 것이 나를 힘들게 할 것 같은데, 꼭 그렇지만은 않다. 걱정 없다.

🖋 내가 변해 놓고 보통 타자(他者)가 변했다고 불평한다. 만일 내가 변하지 않을 수 있다면 시간마저 멈출 것이다. [나]는 변화한다. 마치 가을 산(山)처럼.

🖋 우리는 너그러운 자를 만나기 어렵다. 그를 놓치지 않는 것이 좋다. 그는 나를 너그럽게 하고 [나]를 발견하는 데 도움이 된다. 너그러워지면 오래지 않아 숨어 있던 내가 나타낸다.

🖋 [나]는 나에게 숨어있는 것이 아니라 타자(他者)에게 숨어 있는가? 타자(他者)가 자유로워지면 [그]가 나에게 달려오는가? 내 주위 열 사람이 자유로우면 이 세상 모두가 자유롭다.

 [나]를 행하다

15. 자연 상태와 식물원

미학을 공부하는 미학자가 물었다. 사람은 삶에서 편안함을 원하는데 그 편안함의 근원은 무엇인지에 대하여. 붉게빛남은 이렇게 말했다.

🖋 사람은 언제 어떤 상태에서 편안함을 느끼는가?
문명에서 도피함으로써 얻어진
자연 상태에서 편안함을 느끼는가?
사람과의 관계 속에서는
편안함을 느낄 수 없는가?
그렇다면 우리는 안정 상태,
즉 지금까지 자연 상태라고 느껴졌던 것의 본질은 무엇인가?

🖋 사람이 자연 속에서
어느 정도 안정감을 느끼게 되는 원인은
자신의 힘을 느낄 수 있기 때문이다.
눈에 보이는 식물과 곤충 속에서
우리는 자신이 가장 힘이 있는 존재임을 의식하지는 않지만 느끼고
이로써 편안함을 느낀다.

 [나]를 행하다

　그러나 그 자연 속에서 조그마한 독침을 가진 곤충이나
자신을 해칠 수 있는 동물을 보는 순간
모든 안정감이 사라짐을 느낀다.
일반적으로 사람이 생각하는 안정된 자연 상태는
모든 위험 요소가 배제된 식물원을 의미한다고 보면 된다.

　힘과 안정감의 관계는
사람 사이에서도 동일하게 적용된다.
삶을 안정되고 편안하게 만들고 싶은가?
자연은 알기 쉬운 원리와 규칙을 따라 움직인다.
자연은 나와 경쟁하지도 투쟁하지도 않는다.
그래서 편안하다.
우리 삶을 실제로 하나하나 자연과 닮도록 만들라.
인식과 함께 [행동(行動)]으로서.

　　붉게빛남은 [인식의 행동화]가 갖는 의미를 알려주고 있
다. 실존적 존재 [나]와 [인식의 행동화]의 관계에 대하여.

　　그리고 그는 삶의 편안함과 존재 [나]에 대하여 이렇게 말
했다.

[나]를 행하다

꽃 연못을 비추는 나를 찾기 위해 물속으로 뛰어들지는 말라. 연못에 비추어지는 나를 보는 내가 [나]이다.

꽃 자신을 강(強)하다고 생각하는가? 악(惡)해지지는 말라. 존재 [나]는 타자(他者)에게 강하지 않다. 그렇게 비추어진다면 그가 보는 것은 존재 [나]가 아니다.

존재 [나]를 행하다

[나]를 행하다

16. 신(神)이 사랑하는 자(者)

그래도 이제 서서히 사람들은 존재 [나]에 대한 형상을 조금씩 만들어가기 시작한 듯하다. 신에 관해 공부하는 신학자가 물었다. 우리가 [나]를 찾는 것이 평온하고 자유로운 삶을 위해서라면 그것은 신(神)을 통해서도 실현 가능한 것이 아닌지에 대하여. 붉게빛남은 이렇게 말했다.

☞ 사람이 자기 삶을
자기 의지대로 하기 위해서
그리고 삶의 안정감을 획득하기 위해서는
사람을 압도하는 힘이 필요하다.
그러나 일반적으로 완전한 인간은 없으므로
사실 그것은 불가능하다.

☞ 그래도 신의 완전성 같은 거대한 힘을 갖고자 한다면
그 힘은 어디에 존재할 것인가 생각해보라.

☞ 다른 사람에 대한 엄청난 양의 재력과 권력으로,
물리적 의미의 외적 우월성으로, 그 힘을 가질 수 있다.
우리 시대는 부와 권력을 포함하는 외적 우월성이
사유의 내적 우월성을 압도하는 듯하다.

 [나]를 행하다

☞ 그러나 진정한 힘의 근원은
시간 또는 외부 요인에 의해 변화하지 않아야 한다.
따라서 사람은 물리적 의미의 외적 우월성으로는
완전한 안정감을 성취할 수 없다.
안정감을 얻기 위해
혹시 자기 삶의 목표를 그곳에 두었다면
서둘러 수정해야 한다.

☞ 물론, 최소한의 물리적 의미의 우월성으로
자기를 지킬 수 있는 독립성을 가질 필요는 있다.
이 독립성은 자신의 영원한 내적 사유의 힘을
성취하기 위한 기회를 주기 때문이다.

☞ 우리는 종교를 통해
삶에 대한 안정감을 찾을 수 있다.
자신이 소유하지 못한 힘을
종교를 통해 얻는 듯한 느낌 때문이다.

☞ 신(神)은 물리적 그리고 사유의 우월성을
포괄적으로 소유한 가상적 힘의 실체이며
우리는 이 신(神)에게 의지함으로써 보호받기를 원한다.

[나]를 행하다

☞ 신(神)에게 머리 숙임으로써
자신이 절대로 신으로부터 외면당하지는 않을 것으로 믿으며
이로써 삶의 안정을 보장받으려는 것이다.
그렇게 나쁘지 않다.
그리고 사실일 수도 있다. 아무도 알 수 없다.
그러나 자유정신의 소유자는
이것을 그렇게 좋아하지 않는다.

☞ 그런데 신(神)이 가장 사랑하는 자는
존재론적 최고의 인간,
자신에게서 자기 존재를 지킬 수 있는
완전성을 추구하는 인간이다.
왜냐하면 그만이 신(神)의 진정한 의미를 이해하며
신(神)을 완전하게 하기 때문이다.
사람도 이것을 인식하며
그러므로 신(神)을 통한 안정이 불완전함을 인정한다.

☞ 인간의 완전성은
오직 자기 사유를 _{존재·의지·인식} 통해서만 가능하다.
사유를 통해 할 수 없는 것은 없기 때문이다.

 [나]를 행하다

☞ 어떠한 외적 물리적 의미의 우월성도
그리고 신(神)의 힘조차도
인간에게 완전한 안정감을 부여해 주지는 못한다.

☞ 오히려 신(神)에 대한 맹목적 추종은
인간의 본질적인 완전한 존재 안정감에서 벗어나게 한다.
이것은 우리가 원하는 안정감 _{평온함} 과는 거리가 멀기 때문이다.
우리 존재가 원하는 것은 자기 힘으로 그것을 얻는 것이다.

☞ 감고 있던 우리 눈
우리 존재의 눈을 떠야 한다.
누군가 당신을 치유하고 인도해 주기를 바라지 말고
자신의 눈(目)으로 길을 찾아 나아가라.
그러면 사람들이 그리고 신조차도 당신을 따를 것이다.
"신(神)에 의지하지 말고 신(神)이 당신을 따르도록 만들라."

그리고 그는 우리 신(神)과 존재 [나]에 대하여 이렇게 말
했다.

099

[나]를 행하다

[나]는 완전성의 특징을 가진다. 그러므로 신(神)이 [나]를 찾게 해 주지는 못한다.

[나]는 시간에 독립적이다. 10년 전 나와 지금의 내가 변하지 않은 것은 무엇인가. 생각은 계속 변화한다. 그렇다면 데카르트의 주장과 달리 생각은 내가 아니다. [나]는 생각과 무관하다.

인식의 행동화를 위하여

[나]를 찾기 위해서는 인간의 계곡을 넘어 신(神)의 계곡까지 넘어야 한다. 신(神)의 계곡을 넘지 못하면 결국 신(神)의 노예일 뿐이다. 물론 그것으로 충분할 수도 있다.

신(神)을 포함하여 누군가 자신을 인도해 주기를 바라는 것은 자신의 눈을 감고 있겠다는 것과 다르지 않다. 눈을 감고서는 자유로울 수 없다.

[나]를 행하다

17. 존재(存在)의 실체(實體)

오랫동안 침묵하던 물리학자가 물었다. 우리가 [나]를 찾아 나설 때, 실제로 무엇을 찾는 것인지에 대하여. 이 물음에 붉게빛남은 이렇게 답했다.

☞ 우리가 각자 가지고 있는 삶의 의미를 회복하여
편안함과 안정감을 주는
피안(彼岸)의 진리 세계로 들어가는 문은
우리 존재로부터 그렇게
멀리 떨어져 있지 않다.

☞ 우리 인식자는
존재의 실체를 천천히 그리고 깊이 인식하고
자기 내부의 무(無)시간적 존재를 발견하도록
천천히 사유(思惟)해야 한다.

☞ 우리는 자신을 회복시키고
사유 공간의 곤란과 고뇌를 녹이는
뜨거운 불덩이와 같은 자기 존재(存在)를
발견할 수 있는 근원적 힘을 가지고 있다.

 [나]를 행하다

존재 탐구를 시작하라.
존재를 인식(認識)하라.
존재를 의지(意志)하라.
존재의 문에 들어서면, 오래지 않아
성취해야 하는 삶의 목표가 무엇인지
곧 인식하게 될 것이다.

지금까지 인식하지 못했던
자신 속에 숨어 있는 알 수 없는 힘을 가진 존재를
그냥 지나쳐서는 안 된다.
이 존재에의 의지와 그에 대한 인식을 제외하고
더 의미 있는 일은 우리 삶에서 생각하기 어렵다.
그것은 세상 모든 것을 바꿀 수 있기 때문이다.

세상을 바꾸는 것은 불가능하다.
그런데 나를 바꾸면
이 세상은 새벽 아침과 함께 어느새 모두 바뀌어버린다.

존재 [나]는 무엇인가? 그것을 발견할 수 있을 것이라는
희망에 회의감이 동시에 밀려오지 않는가?

[나]를 행하다

정상의 바람이 차갑다. 이 차가운 바람은 자신이 아직 뜨겁다는 증거이다. 이것이 존재의 실체인가? 자기 존재는 대상(對象)에 의해 나타난다. 나를 자극하는 대상(對象)이 없으면 나는 존재하지 않는가?

그리고 그는 진리, 삶의 가치 그리고 존재 [나]에 대하여 이렇게 말했다.

[나]를 행하다

☞ 우리 주변에는 진리로 가득 차 있음이 틀림없다. 그 얼굴은 천 가지이다. 나는 [나]를 보는가. 대상(對象)을 보는가.

☞ [나]는 분명 그렇게 깊은 곳에 숨어 있지 않다. 하루에도 몇 번씩 나를 들렀다 가는 것을 보아서는. 외면하는 것은 우리이다. 지금이 행복해서 그리고 불행해서. 변명은 충분하다.

☞ 물은 끊임없이 낮은 곳을 향한다. 그렇다고 바다가 목적지라고 생각하면 곤란하다.

 [나]를 행하다

18. 참과 진리

진리를 발견하는 주체는 우리가 찾는 존재 [나]이다. 그러므로 그 주체를 발견하지 못하면 결국 진리를 발견하지 못할 것이다. 철학을 공부하는 자가 물었다. 우리가 모든 어려움을 극복하고 발견하려는 진리가 무엇인지에 대하여. 진리가 우리에게 무엇을 주는지에 대하여. 붉게빛남은 이렇게 말했다.

☞ 모든 진리의 근원이
자신(즉, 인식 주체)임을
실제로 자각할 수 있는 사람은 그렇게 많지 않다.
우리가 알 수 있는 진리 범위의 유한성에 의해
진리 주체와 그 대상을 바로 인식하지 못해
삶이 어지럽다.

☞ [물은 높은 곳에서 낮은 곳으로 흐른다.]라는 명제는
참으로 판단될 수 있다.
그러나 샘으로부터 분출하는 물은
낮은 곳에서 높은 곳으로 흐를 수 있으므로
위의 명제는 이렇게 바뀌어야 할 것이다.
[물은 자연 상태에서 동일한 압력을 받는 한
높은 곳에서 낮은 곳으로 흐른다.]

 [나]를 행하다

처음 명제의 구체화를 발견할 수 있으며
이로써 명제는 더욱더 참에 가까워졌음을 알 수 있다.
그러나 문제는 여기에 그치지 않는다.
자연 상태의 정의가 명확하게 되어야 하는데
무중력 상태에서는
물의 흐름이 없다는 것이 사유할 수 있기 때문에
위 명제는 중력 상태에 대한 조건이 필요하다.

물의 물성에 대한 고찰도 필요하다.
고체 상태의 물이나 기체 상태의 물은
반드시 높은 곳에서 낮은 곳으로 흐르지는 않기 때문이다.
이로부터 처음 명제는 다시 이렇게 변경된다.
[높은 곳에 있는 액체 상태의 물은
중력이 작용하는 곳의 자연 상태에서
그리고 동일한 압력을 받는 조건에서 낮은 곳으로 흐른다.]

여기에 높고 낮음에 대한 시각차가 발견되는데
이때, 지구 외부인가 내부이냐는 관점이 추가되면
높고 낮음의 개념의 혼란이 발생하므로 높음의 기준은
[지구의 중심을 기준으로 먼 곳에 있는]으로
변경이 필요하다.

[나]를 행하다

☞ 또한, 바닷물은
지구와 달의 인력 변화에 의해
낮은 곳에서 높은 곳으로 흐를 수 있으므로
이에 대한 수정 또한 필요하다.

☞ 그리고 물은
전기적 극성을 띠고 있으므로
동일한 높이에서도 강력한 전기적 힘으로 흐름이 가능하다.

☞ [물의 흐름에 관한 간단했던 명제는
도대체 얼마나 길어져야 보편타당한 참이 될 것인가]
라는 의문이 든다.
이는 사람의 인식 수준에 따라 변화될 것이다.
즉 이 명제는 사람의 인식 수준이 증대되면
계속 증가하고 또 변화해야 한다고 생각할 수 있다.

☞ 그러므로 물의 흐름에 관한
당연하다고 생각했던 간단한 명제는
영원히 참으로 될 수 없는 운명인 것 같다.

존재 [나]를 행하다

[나]를 행하다

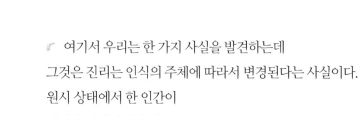

🖋 여기서 우리는 한 가지 사실을 발견하는데
그것은 진리는 인식의 주체에 따라서 변경된다는 사실이다.
원시 상태에서 한 인간이
일정한 지역에서만 거주한 경우
그는 죽는 순간까지
최초의 명제 [물은 높은 곳에서 낮은 곳으로 흐른다]를
진정한 진리로 믿고 죽어갔을 것이다.

🖋 이로부터 명제(진리)는
특정한 인식 주체, 특정한 시간, 특정한 공간 조건이
주어져야 할 것이다.
특정한 인식 주체의 의지로부터
특정한 시간을 사유할 수 있으며
특정한 인식 주체의 의지에 의해
특정한 공간을 사유할 수 있다.

🖋 그러므로 명제는
특정한 인식 주체의 의지에 의해서만
진리로서 사유할 수 있다.
그러므로 인식 주체의 의지가
진리를 창조한다.

인식의 행동화를 위하여

 [나]를 행하다

🖋 나는 시냇물이 흐르는 이곳, 아침 햇살이 가득한 이때
(공간과 시간은 인식 주체인 내 의지가 결정한다.)
[높은 곳의 물은 낮은 곳으로 흐른다]를 인식한다.
이처럼 진리는 일반화되는 것이 아니라
인식 주체에 의해 의지되고 인식되는 것이다.
진리는 나에 의해 창조된다.

🖋 [직각 삼각형에서 제일 긴 변의 제곱은
다른 두 변을 각각 제곱한 값의 합과 같다]
이 명제 또한 기본 기하학적 전제와 절대 평면의 가정 등
매우 긴 가정에 의해 비로소 참으로 받아들여질 수 있다.

🖋 우리는 여기서
또 다른 중요한 개념의 도입이 필요한데
그것은 참과 진리의 분리이다.
진리는 인식 주체에 의해 인정돼야 함이 틀림없고
참과 거짓이 인식되지 않는 명제를
진리라고 할 수 없다.

🖋 위의 기하학적 명제는 참이다.
그러나 위 명제는 기하학 관련 지식이 없는 자에게는

 [나]를 행하다

참과 거짓의 판별이 불가능하다.
그러므로 위 명제는
(대부분 수학적 명제에서 그렇듯이)
수학적, 기하학적 지식을 가진 인식의 주체에게는
참이면서 진리이지만
그렇지 못한 인식 주체에는
참이지만 진리는 아니다.

우리는 다시 이렇게 결론 내린다.
진리는 특정한 인식 주체에 의하여 의지될 때
비로소 진리로 탄생한다.
진리는 모든 인간에게 스스로 다가서는 것은 아니다.

진리는 개별적이다. 진리의 정의는 여러 가지가 있다. 여기에서 진리는 우

주 전체를 통합하는 절대 진리를 말하는 것은 아니다.

어떠한 위대한 철학자가 주장하는 진리도
다른 개체가 이해, 인식하지 못한다면
그 진리는 그 철학자의 진리일 뿐이다.

물론 어떤 철학자라도
모든 사람에게 자신의 진리를 인식시키려

[나]를 행하다

너무 힘든 노력을 할 필요 없다.
진리를 창조하는 자는 자기 스스로이다.
가치를 창조하는 자도 자신이다.
그러므로 진리를 알려 주고 싶어도 알려 줄 수 없다.

☞ 진리는
인식 주체의 의지에 따라 변화한다.
이것이 존재 [나]를 발견해야 하는 이유이다.

　　　붉게빛남이 구체적으로 우리에게 존재 [나]에 대하여 말했다. [인식하는 주체가 의지하는 것] 이것을 그는 존재 [나]에 대한 형상화의 단서로서 제시한다. 물론 그것이 존재 [나]의 모두는 아닐 것이다. 하지만 [나]에 대한 것을 어떻게 형상화할지 알지 못하는 사람에게 허공 속 나무를 한 그루 준 것 같은 느낌이다. 가상의 그리고 진리일 것 같지 않은 이 불분명한 존재 [나]를 어떻게 형상화할 것인가는 우리 모두의 몫이다.

　　　그리고 진리 그리고 존재 [나]가 우리에게 무엇을 주는지에 대하여 이렇게 말했다.

[나]를 행하다

☞ [나]를 찾는데, 찾아 좋은 것이 무엇인지를 염두에 둔다면 그만두는 것이 좋다. 점점 더 멀어질 것이다.

☞ 진리를 보편타당한 것으로 보는 것은 철학자의 오만이다. 진리는 상당히 개별적이다. 진리는 인간 일반의 수만큼 존재한다. 진리는 존재 [나]로부터 출발하기 때문이다.

☞ [나]는 나에게 있는데 [나]를 찾아 나선다. 소박한 곡식이 있는데 먹을 것을 찾아 나서는 것과 같다. 기름지고 맛있는 것을 찾아 헤매다 결국 소박한 음식을 찾는다.

☞ 내가 찾는 진리와 네가 찾는 진리가 다르지 않음을 알 수 있다면 우리는 모두 하나의 마음이 되어 서로 다투지 않게 될 것이다.

☞ 세상에 대해 아는 것은 몇 가지뿐이다. 그러나 나에 대해서는 무수히 알고 있다. 그것이 진리라고 하지는 않지만. 마음 쓸 것 없다.

☞ 지금 진리를 모른다고 걱정할 것 없다. 진리를 안다고 하는 사람들도 대부분 잘못 알고 있기 때문이다. 그래도 우리 모두를 자유롭고 평온하게 해 주는 그것이 있음은 틀림없다.

☞ 하루에 하나씩 진리 [나]를 발견해도 아침마다 어리석어진다. [나]를 발견해도 소용없다. [나]는 아무것도 주지 않는다.

 [나]를 행하다

19. 삶의 황폐함

물리학을 공부하는 친구가 다시 물었다. 우리 삶은 크게 진전된 듯싶으나 정말 그런지에 대하여. 그리고 우리가 그것을 영위(營爲)하지 못하는 이유에 대하여. 붉게빛남은 이렇게 말했다.

☞ 우리는 대부분 정신적 황폐함으로 빠져들고 있다.
우리는 자기 일에 쫓기지 않으면 초조하다.
한가한 오후 시간의 아늑함을 즐길만한 여유도 없으며
어떤 일인가를 하는 중에만 휴식할 수 있다.

☞ 우리는 누군가와 이야기해야 마음 편안해지고
혼자 있을 때는 불안하다.
정확히 말하면 사람들 속에서 그런 모습을 보이는 것이
자신이 지극히 정상이라는 증거라도 되듯이
의식적으로 분주하다.

☞ 우리는
문명에서 여분의 시간을 소화할만한
정신적, 철학적 소양을 갖지 못함으로써 발생한
문명의 기형적 인간 유형일 수 있다.

홀로 [나]를 행하다

 [나]를 행하다

🎐 사람이 자기 인식에서 발생하는
정신적 사유를 소화하려 하지 않으면
그 대화 속에는 소음이 있을 뿐이다.

🎐 지식 더미를 주워다가 자랑스레 이야기하고
정신적 인식 능력의 무능함이 드러날 듯싶으면
무시하려는 태도를 취하거나
어느새 증오의 눈빛과 함께 도망친다.

🎐 그런데 더욱더 어려운 것은 별로 할 말이 없다는 것이다.
만일 누군가 신문, 텔레비전 이야깃거리를 만들어 주지 않으면
하루 종일 침묵해야 할 것이다.
아무 일도 하지 않는다고 휴식하는 것은 아니다.

삶의 황폐함 속에서 우리가 편히 쉴 곳은 어디인가? 이 황폐함을 다시 충만함으로 바꿀 수 있는 자는 누구인가? 지금 여기 있는 바로 우리인가? 삶의 황폐함은 오랫동안 지속한 우리 이기심의 결과이다. 그러므로 그 해결책도 이미 정해져 있다.

그리고 그는 삶의 황폐함과 존재 [나]에 대하여 이렇게 말했다.

[나]를 행하다

☞ 죽음은 충분한 휴식을 준다. 죽음을 알면 삶의 목적이 달라진
다. 휴식의 내용도 달라진다. 아무 일도, 아무 생각도 하지 않
는 것은 휴식이 아니라 죽음이다.

☞ 삶의 황폐함과 충만함의 차이는 자신과 타자(他者)의 분별
(分別) 여부에 달려 있다. 분별(分別)을 택하면 황폐함으로부
터 벗어나기는 어렵다.

존재 [나]를 행하다

[나]를 행하다

20. 인도자를 위한 지식

인식에서 행동으로. 그의 실존적 존재를 [나]를 발견하기 위한 다섯 번째 비밀의 문이다. 그는 행동을 통하여 존재 [나]가 형상화되고 그 형상이 모이면 무엇이 [나]인지를 발견할 것이라고 말했다. 사람들은 자기 인식과 행동에 대하여 생각하고 있다. 시인이 물었다. 우리 대부분의 인간이 존재 [나] 그리고 진리를 찾는 데 실패하는 이유에 대하여. 붉게빛남은 정상의 거친 바람을 맞으며 이렇게 말했다.

🖎 우리 시대 사람의 또 다른 특징은 겸손하지 못하다는 것이다.
그는 사유 능력이 아직 미약하며
정신으로부터 고귀함과 진리를 창조하기에는
아직 부족함에도 불구하고
자기를 이끌 수 있는 어떤 숭고한 사유 소유자의 말도
귀담아듣지 않는다.

🖎 우리는 존경하는 자를 두려고 하지 않는다.
사실 누구를 존경해야 하는지도 잘 모른다.
우리에게 존경할 만한 자가 있기는 한 것인가?
인간의 숭고함에 대한 판단 기준이 불명확하며
자신이 다른 사람의 사유를 따른다는 것은

 [나]를 행하다

자기 인간적 가치마저 굴복당하는 것으로 오인(誤認)한다.

☞　권력·명예·부와 같은 외면적 가치를 추종하는 것이
바람직하지 않다는 것을 인식하고 있는 듯하지만
이 외면적 가치를 제외한
어떤 다른 가치를 추종해야 하는지 알지 못한다.

☞　우리는 정신적 사유 세계 추구로부터
자기 삶에 직접 도움이 되는 것을 발견하지 못했기 때문에
숭고한 인간 가치에 대하여 회의적일 수밖에 없다.

☞　이 같은 정신의 무용성에는
우리 시대 철학적 인도자의 무능력이 중요한 원인이다.
그에게 정신의 고귀함과 유용성을 인식시키는 것은
철학자의 몫이기 때문이다.
사람은 자기 삶에 유용한 것을 선택하는 법이다.

☞　우리 시대 철학적 인도자의 나태함은
어떤 심각한 전쟁보다도 더 위험스럽게 확산되고 있다.
이로 말미암아 사유와 철학은
어두운 지하실로 밀려들어 갔다.

　[나]를 행하다

☞ 철학을 거리의 광장으로 끌어내어
모든 사람이 몰려들어 대화하게 하고
사유의 가치와 철학에 힘을 주어야 한다.
우리 시대는 사람들을 인도하기에 앞서
그들을 인도할 철학자를 먼저 교육하고 양성해야 하는
역사상 유례없는 사상과 철학의 암흑시대이다.

☞ 이제 우리는 철학으로
사람에게 사유의 겸손함을 회복시켜 주어야 하며
위대한 정신을 가진 철학자의 부재 속에서
타락한 정신의 오염을 씻어주어야 하고
사람에게 진정한 사유의 즐거움과
그로부터 평온하고 자유로운 삶을 위한
유용성을 발견하도록 도와주어야 한다.

☞ 나태했던 삶의 인도자, 철학자는
우리 젊은 자 그리고 젊고자 하는 자가
철학의 암흑시대를 벗어날 수 있도록 도와주어야 하고
그가 새로운 고귀한 가치의 인도자로서
그 역할을 수행할 수 있도록
서둘러 도와주어야 한다.

인식의 행동화를 위하여

[나]를 행하다

✍ 바로 지금, 인식에서 행동으로 나아가라.
행동은 타자(他者)뿐 아니라
나도 함께 설득한다.

무엇인가 행할 것을 생각함으로써 내가 인식하고 있던 것의 실체가 드러나고 그 어렴풋한 실체가 바로 우리가 찾고 있는 존재 [나]가 아닌가? 인식의 행동화를 통해 비로소 나와 타자(他者)에게 [나]의 실체를 보일 수 있는 것이 아닐까 하는 생각이 스친다. 그가 말하는 것에 대한 끊임없는 사유, 그 속에서 잠자고 있던 존재 [나]가 깨어나는 것은 틀림없는 사실이다. 무엇인가에 동의하거나 반발하고 있는 깊이 숨어 있던 것, 이것이 존재 [나]일 것이다.

그리고 그는 산 정상에서 철학의 역할과 존재 [나]에 대하여 이렇게 말했다.

존재 [나]를 행하다

[나]를 행하다

🖉 [나]를 찾지 못하는 이유 중 하나는 겸손함의 부족이다. 겸손하지 못한 자도 이익이 될 만한 자에게는 가장(假裝)된 겸손함과 공손함을 보인다. 무엇이 이익이 되는지도 모르면서.

🖉 나에게 이익이 되는 것은 실존적 존재 [나]에게 이익이 되지 못한다. 보통 나에게 이익이 되는 것이 타자(他者)에게 손해가 되는 것이 많기 때문이다.

🖉 절대 다수에게 도움이 되기 위해서는 약자(弱者) 중심의 진리를 탐구할 수밖에 없다. 그러므로 우선, 강자에게 철학을 교육해야 한다.

🖉 나는 [나]를 찾고 있지만 [나]는 벌써 나를 보고 있음이 틀림없다.

 [나]를 행하다

Ⅱ장. 모방을 벗다

꽃은 꽃이고 봄은 봄이다.
공연(空然)히 꽃에서 봄을 찾지 말라.

창조적 의지를 위하여

흉내 내는 자에게는 기분 나쁜 음울함이 느껴진다.
함부로 흉내 내어서는 안 된다.

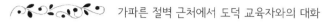

21. 인간의 본성

산 정상에서 내려오기 시작했다. 오른 길과 다른 길을 통해 가파른 길을 지나 큰 바위산으로 된 절벽 위에 도착했다. 멀리 구름이 보이는 곳에 모여 쉬면서 존재에 대하여 생각하고 있다. 이때 붉게빛남은 [창조적 의지]라는 또 다른 존재 [나]를 향한 비밀의 문에 대하여 말했다. 창조적 의지와 모방적 의지, 우리 의지는 모방적이지 않은가? 우리는 모방적 의지에서 벗어날 수 있는가?

도덕을 공부하고 가르치고 있는 자가 물었다. 우리의 이성 중심 삶도 벗어나야 하는 모방적 의지인지에 대하여. 붉게빛남은 조금 침묵 후 이렇게 말했다.

오래전, 우리의 한 유학자가
인간의 이성으로서 사단(四端)을
감성으로서 칠정(七情)을 인용하고
이(理)와 기(氣)로서 인간 본성의 근원을 밝히려 했다.
그는 인간 본성을 분류하려는 노력은 하였으나
인간 본성의 근원으로서 이(理)를 강조함으로써
그 가치가 반감됐다.
그의 이(理)는 너무도 모방적이다.

 모방을 벗다

☞ 이(理)는 윤리적, 도덕적으로 단련된 교육받은 자의
형식주의에 빠져들어 가
이미 사람에게 등을 돌려 버렸다.
인간의 이(理)를 강조하고
인간의 존엄성을 이(理)로부터 찾는 것은
너무 사람을 단순, 우매(愚昧)하게 생각한 결과이다.

☞ 인간의 본성을 파악할 때
하나만을 선택해야 한다면
서양의 어떤 철학자 세네카 (L. Seneca) 생각과는 반대로
인간의 감성을 존중하는 편이 훨씬 더 그럴듯하다.
인간이 동물과 다른 것은
이성을 가졌다는 것이 아니라
감성을 가졌다는 것이다.
동물 또한 이성적 행동을 자주 보여주고 있기 때문이다.

☞ 인간은
감성적일 때 비로소 창조적 의지를 갖는다 .
그러므로 자신을
매우 명석하고 이성적이라고 생각하면
자신이 모방적 의지를 갖고 있다고 생각하면 된다.

모방을 벗다

이성적 의지에서 벗어나라.
그러면 우리 삶은 어렵고 두려운 곳이 아니라
기대감이 충만한 [설렘의 들판]으로 바뀔 수 있다.

☞　인간과 동물의 감성적 동일성은
본능적 감성에 국한될 뿐이다.
인간과 이성(理性)은 단지 우리의 희망일 뿐 별로 관련이 없다.
창조적 의지는 감성과 친구이며
우리 감성에서 시작한다.

☞　이제 이성에서 벗어나라.
이성은 많은 사람이 옳다고 생각하는 것을
따르려는 생각이다.
그러므로 그 의미를 생각하면
이성적인 사람은 모방적이다.

☞　모방에서 벗어나려면
이성에서 벗어나라.
창조적 의지를 갖추려면
이성적 의지에서 벗어나라.

 모방을 벗다

이성적이지 않을수록 창조적이니
이성적인 사람이 주도하는 차가운 삶 속에서
감성적 의지 _{창조적 의지} 로
세상을 따뜻하고 편안하게 바꾸어 가라.

　　실존적 존재 [나]는 감성과 연관이 있는가? [나]의 불명확성은 생각의 거미줄 때문에 그 실체를 드러낼 수 없기 때문인가? [나]의 불명확성은 이성에서 기인하는가? 만일 그의 말을 받아들인다면 인간의 철학과 정신은 그 의미가 축소될 것이다. 그 또한 사유자(思惟者)이므로 오류의 함정에 빠질 수 있다. 그런데 그 생각을 부정하려 하니 내 존재가 느껴진다. 내 생각도 누군가의 사유 주체에 의해 부정당할 것이다. 이와 같은 [부정의 순환] 속에서 모든 독립적인 개인 사유(思惟)는 거대한 통합 사유의 바닷속으로 융합되어 버리는가?

　　그리고 그는 인간의 본성과 존재 [나]에 대하여 이렇게 말했다.

모방을 벗다

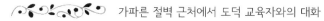

❧ 아쉬울지는 모르겠지만, 지금까지의 나에 대하여 미련을 버리는 것이 좋다. 마음 쓸 것은 없다. 그래도 [나]는 그대로이다.

❧ 보통 자신이 명석하다고 생각할수록 자신으로부터 멀어져 있다. 존재 [나]를 찾는데 머릿속에 있는 타자(他者)의 지식이 장애물이 될 때가 많기 때문이다.

❧ 우리 오래된 친구, 이성(理性)은 인간 일반 타자(他者)의 보편적 진리로 인도하는 것 같지만 실은 누구도 생각하고 있지 않은 어리석은 허구 속으로 우리를 몰아간다.

❧ 이성과 감성 둘 중 하나를 선택해야 한다면 [나]의 특성은 감성적이다. [나]는 변화와 우연을 그 특성으로 하기 때문이다.

모방을 벗다

22. 존재의 본질

심리학을 공부하는 자가 물었다. 존재 [나]의 근원적 본질이 무엇인지에 대하여. 창조적 의지를 갖기 위한 존재 [나]의 본질에 대하여. 잠시 침묵 후, 붉게빛남은 이렇게 말했다.

☞ 자기 존재 본질을 밝히는 것은
자신을 향상하고 타자(他者)를 인도하기 위해
반드시 거쳐야 하는 과정이다.
그러나 존재 본질은
그 다양성과 복합성으로 인해
인식 가능한 개념으로서 다가서지 못한다.

☞ 그러므로 일반적 학자는
인간의 특성을 나열하고 이 특성을 분류함으로써
그 본질을 유추하려 시도한다.

☞ 이처럼 유추된 인간 존재 본질은
인간 특성 중 다수를 차지하는 일정한 종류의 집합체이며
이로써 인간의 본질은 학자의 의도대로 조작되었다.
일반적 학자의 인간 본질에 대한 개념화 추구는
인간 본질을 부분화하고 왜곡시킨다.

창조적 의지를 위하여

 모방을 벗다

☞ 사람은 자신의 본질과
학자가 유추한 인간 본질과의 불일치를 경험함으로써
당혹감과 함께 그에 대한 불신을 갖게 된다.

☞ 인간은 오래전 철학의 탄생이래
인간 존재에 대한 본질 추구와 그 정의를 지속하였다.
그러나 그 어떤 사상도
인간 존재 본질을 명확히 제시하지는 못한다.

☞ 인간 존재 본질은
일반론적 본질로서 파악될 수 없고
인간 개체의 개별적 본질로서만 파악될 수 있다.

☞ 인간의 분명한 본질은
한 인간의 본질이
다른 인간의 본질과 일치하지 않는다는 것이다.
이렇게 [존재의 개별성]이 존재의 첫 번째 본질이다.

☞ 그러나 존재의 본질은 시간에 따라 변화한다.
[존재의 변화성]
이것이 두 번째 인간 존재 본질이다.

 모방을 벗다

🖋 존재 일반화, 존재 불변성 추구 같은
쓸모없는 노력에서 벗어나야 한다.
[존재의 개별성], [존재의 변화성]
이것이 창조적 의지의 본질이다.

그런데 이 같은 사유가 _{존재 본질 파악} 우리 삶에 어떤 도움
이 되는가? 우리는 개별 존재 본질의 불일치성과 시간에 따른 변
화로부터 모방적 의지는 존재의 본질과 거리가 멀다는 것을 직
관(直觀)할 수 있다. 존재의 개별성과 변화성을 인식함으로써 모
방적 삶에서의 탈출구를 생각할 수도 있을 것이다. 이제 우리는
창조적 의지를 위한 조건에 접근하게 될 것인가?

그리고 그는 존재의 본질과 [나]에 대하여 이렇게 말했다.

 모방을 벗다

☞ 존재 [나]는 정의되지 않는다. [나]는 산(山)과 같아서 정의되어 기술되는 순간, 부분적이고 제한적 사실로 전략한다.

☞ 존재 [나]는 변화한다. [나]는 찾는 것이 아니라 [나]가 나에게 있음을 실제로 체감하는 것이다. 실제로 알기 위해서는 행(行)함이 필요하다.

☞ 존재 [나]는 모방적 의지로부터 나를 구출한다. 모두가 창조적 의지를 갖게 되면 세상은 상상하는 것보다 더 평등해질 것이다.

모방을 벗다

23. 처세술과 심리학

수학을 공부하는 자가 물었다. 우리는 다른 사람(他者)으로부터 존재 [나]를 찾을 수는 없는지에 대하여. 사람이란 서로 크게 다르지 않기 때문에 타자(他者)에게서도 [나]를 찾을 수 있는 것이 아닌지에 대하여. 붉게빛남은 이렇게 말했다.

　인간의 본질을 찾으려는 시도와 목적이
터무니없는 허영심과 자만심,
인간에 대한 경시,
학자연(學者然)에서
출발한 것인지 경계해야 한다.

　타자(他者)에게서 [나]를 발견하기에는
그가 갖고 있는 세계가 너무 크다.
단편적으로 눈에 비치는 모습으로
그를 평가할 수도, 그 존재를 일반화할 수도 없다.

　인간 일반 본질은
인간 특성의 나열과 종합 같은
학자의 시도와 달리
자기 존재 내부에서 찾아야 한다.

모방을 벗다

✐ 자신 속 존재의 본질을 찾는다면
그 본질은 바로 인간 일반 본질을
의미할 것이기 때문이다.
이는 타자(他者)를 통해 얻는 것보다 더 확실한 본질이다.

✐ 다른 방법은 없다.
사람은 자신 이외에는
어떤 사람에 대해서도 알 수 없기 때문이다.
그렇기 때문에 인간 본질을 찾을 수 있는 방법은
자기 존재를 탐구하는 방법밖에 없다.

✐ 다른 사람에게서
존재 본질을 찾으려는 노력은 그만두는 것이 좋다.
다른 사람에게서 얻을 수 있는 것은
처세술과 심리학일 뿐이다.

✐ 그러므로 이제 자기 존재 속으로 떠나라.
첫 번째 목표 지점은
[감성의 섬]으로 하는 것도 좋다.
물론, 아니어도 좋다. 마음대로 정하라.
그것이 자기가 보는 존재 [나]이면 된다.

모방을 벗다

☞ 우리가 타자(他者) 일반의
 인간 본질 그리고 그 존재에 대하여
알 수 있다고 생각하는 것은
마치 큰 산(山)의 실체에 대하여
알 수 있다고 생각하는 것과 크게 다르지 않다.
우리는 큰 산의 실체에 대하여 절대로 알 수 없다.
존재 [나]는 내 존재 속으로 들어가
그것을 느끼고 볼 수 있을 뿐이다.

그리고 그는 타자(他者)에 대한 본질 탐구와 존재 [나]에
대하여 이렇게 말했다.

창조적 의지를 위하여

 모방을 벗다

🖋 타자(他者)를 알기에는 우리의 무게가 너무 무거워 접근하기
   어렵다. 중력을 이겨낼 수 있을 정도로 가벼워지면 비로소
   알 수 있다.

🖋 타자(他者)로부터 존재 [나]의 본질을 알 수는 없으나 존재
   [나]의 광대(廣大)함은 짐작할 수 있다.

🖋 매일 같은 길을 걸어도 같은 것은 하나도 없다. 존재 [나]도
   그렇다. [나]를 고정하려 하면 [나]는 없다.

모방을 벗다

24. 남성적인 취향

시를 공부하는 자가 물었다. 우리 존재 [나]의 가장 중요한 특징은 무엇인지에 대하여. 그리고 [나]에 가장 가까운 모습은 무엇인지에 대하여. 붉게 빛남은 이렇게 말했다.

❧ 어느새 인간적인 것이
여성적 연약함으로 전락하고 말았다.
그 강인함을 사람들에게 나누어주던
태양과 같은 남성적 취향은 사라지고
토양으로부터 영양분을 조심스럽게 섭취하는
식물적 취향만이 번성하고 있다.

❧ 이제 남성적 인간미는
그 의미조차 사람에게서 잊히고
쓸모없는 탄식과 슬픔
종속성으로 대변되는 연약함이
아름다운 것 그리고 인간적인 것으로 만연되고 있다.
마치 그것을 모르는 자, 인정하지 않는 자는
도덕적인 이방인으로 전락시킬 것 같은 기세로.

창조적 의지를 위하여

 모방을 벗다

   인간적인 것의 여성화, 도덕의 여성화
예술의 여성화, 남성적 예술가의 부재
감성의 여성화, 투쟁 방법의 여성화
그렇다고 동물적, 야만적 취향을
남성적이라고 오인하지는 말 일이다.

   여성적인 것과 남성적인 것의 조화가 필요한 삶 속에서
과연 우리 주위에
남성적인 취향이 아직 존재하는지 의문이 들 정도이다.

   창조적 의지는
남성적인 취향이 더욱 잘 어울린다.
목표, 생각, 준비, 단련, 출발, 도전, 실패, 시련, 절망, 극복,
성공, 환호, 새로운 목표, 떠남,
이것은 남성적이다.

   자연은 남성적인 것과 여성적인 것으로 구분되어 있다.
이때, 남자가 남성적이고
여자가 여성적이라고 생각하는 것은
이미 오래전 버렸어야 할 고리타분한 생각이다.

모방을 벗다

☞ 남자는 세상을 만들고 여자는 그를 만든다.
남성적 취향으로 모방을 벗어난
존재 [나]의 창조적 의지를 가슴에 품기를.

      그리고 그는 존재 [나]에 가까운 모습에 대하여 이렇게 말했다.

창조적 의지를 위하여

 모방을 벗다

☞ 존재 [나]는 남성적이다. 보통 여자의 경우가 좀 더 남성적이
  다. 남자는 소심하고 야만적인 경우가 더 많다.

☞ 존재 [나]는 행동적이다. 생각만으로 그에게 접근할 수 없다.
  생각은 보통 다음 날 아침이면 잊히기 때문이다.

☞ 존재 [나]에게 찾아가려면 한 걸음 한 걸음 걸어야 한다. 생각
  만으로는 도달할 수 없다.

모방을 벗다

25. 인간적인 자(者)의 특징

법과 정의에 관하여 공부하는 자가 물었다. 창조적 의지를 가진 남성적이고 인간적인 자를 구분하는 방법에 대하여. 붉게빛남은 그의 몇 가지 특징에 대하여 이렇게 말했다.

☞ 우리는 인간적인 자(者)로부터
[자신의 힘을 증대시키려는 욕구]를 발견한다.
또한 인간적인 것은
[사람을 위한 가치를 발견, 창조하고 발전시키는 것]이다.
과연, 우리가 인간 일반을 위한 힘을 갖출 수 있을까?
그러나 하나씩 준비하면 그렇게 어려운 일도 아니다.

☞ 인간적인 자는
자신을 구성하는 모든 삶의 구성 요소에서 존재, 의지, 인식
자기 힘을 증대할 수 있도록 자신을 준비한다.
그는 삶을 끊임없이 성찰하며 그 성찰이 존재 [나]로 가깝게 인도함을 직감한다.
새로운 사유를 항상 자신의 사유와 통합한다.
이를 통해 자신의 정체(停滯)를 막고
항상 자신을 향상한다.

 모방을 벗다

⎇ 인간적인 자(者)는
[자신의 의지에 대한 끊임없는 성취에의 욕구]를 갖는다.
그는 인간적인 의지의 가치를 인식하며
이 의지에 의한 성취가
우리 삶 속에서 어떤 모습으로 작용할 것인지에 대한
확신을 가지고 있기 때문에
그 성취를 위해 자신의 모든 것을 소모한다.
그는 인간 가치 증대를 위한 일에
자신의 의지가 작용함에 감사하며
이 의지의 분열을 막기 위해 최선을 다한다.

⎇ [끊임없는 창조의 수행]은
가장 인간적인 자의 특권이다.
인간적인 자는 모방을 벗어나
새로운 가치를 창조하고 도덕을 재편하며
아름다움을 창조하고 예술을 인도한다.

⎇ 인간적인 자는 자기가 창조한 것으로부터
인간의 미래 가치를 제시하며 자신으로부터
모방을 파괴하는 창조의 능력이 상실되는 순간
죽음을 택한다.

모방을 벗다

☞ 창조의 수행자인 인간적인 자로부터
[삶을 재편하는 가치의 전도자(轉倒者)]의 모습을 본다.
자신을 유지하기에도 힘겨운 사람에게
그는 두려움과 경이의 대상이며
어느 경우에는 그로부터 도망치거나 외면하거나 비난한다.

☞ 인간적인 자에게서는
[인간에 대한 사랑]이 느껴진다.
그의 관심은 이웃, 민족, 국가의 사람들에 국한되지 않으며
모든 인간의 향상과 행복을 위해
자신의 삶을 유지한다.
[창조적 의지]도 인간을 위한 일에만 사용한다.

☞ 인간적인 자에게서는
자신이 해야 할 일을 위하여
자신에 대한 비난을 감수해야 한다는 것을
잘 알고 있기 때문에 그에게는 항상 [비장함]이 감돈다.

☞ 인간적인 자는
주위 사람에게
관심을 쏟을 만큼 시간이 많지 않다.

창조적 의지를 위하여

모방을 벗다

◞ 주위 사람은
자신에 대한 무관심한 듯한 태도에
화를 내며 그를 비난하기도 한다.
인간적인 자는 이에 대한 미안함에
항상 [부드러운 미소]를 보인다.

　　붉게빛남은 이렇게 말했다. "인간적인 것에 대한 오해가
해소된다면, 인간적인 의지가 가장 소중한 창조적 의지이다." 절
벽 위로 부는 바람이 매우 차갑게 느껴진다. 그리고 그 차가움으
로 인해 내 주변의 모든 것이 [나]와 관련이 있는 듯이 느껴진다.
이렇게 '나와 다른 것'이 나를 [나]로서 느끼게 한다. 나와 비슷하
거나 자극이 없으면 [나]를 느끼게 하지 못한다. 나로서 느끼는
내가 [나]인가, 나로서 느끼지 못하는 내가 [나]인가?

　　그리고 그는 존재 [나]에 가까운 모습을 지닌 인간적인 자
에 대하여 이렇게 말했다.

모방을 벗다

☞ 존재 [나]를 발견하려면 사람들이 갖는 고통의 숲을 건너야 한다. 그들 모두를 행복하게 해 줄 수 없으면 [나]를 찾을 수 없다.

☞ 존재 [나]를 찾으려면 현재의 나로부터의 이탈은 피할 수 없다. 현재의 나 속에서 [나]를 찾으려는 노력은 하지 않는 것이 좋다.

☞ 존재 [나]를 찾으려면 [나]를 찾으려는 생각이 없는 사람과 다른 길을 가야 하는 것은 틀림없다. 그러므로 사람들과 떨어져 있다고 마음 쓸 필요 없다.

☞ 여름날 뜨거운 태양, 한겨울 차가운 바람, 저편의 사람 모두 존재 [나]를 알려 준다. 나의 [나]와 타자(他者)의 [나]는 그들에게 대지, 강물, 태양, 바람 별로 다르지 않다.

 모방을 벗다

26. 도덕의 파괴 그리고 재건

도덕을 공부하고 가르치는 자가 물었다. 창조적 의지에
의해 새롭게 제시된 가치와 기존 도덕, 윤리와의 차이에 대하여.
붉게빛남은 이렇게 말했다.

☞ 한 실존 철학자가 키르케고르 (S. Kierkegaard) 역설적으로 말한다.
[우리가 침묵을 지키면 윤리학은 그에게 유죄 판결을 내린다.
왜냐하면, 윤리학은 다음과 같이 말하기 때문이다.
너는 보편적인 것을 인정하여야 한다.
그것은 네가 말하는 것으로 인식되어야 한다. 침묵을 용인할 수 없다.
그리고 너는 보편적인 것에 동정을 품어서도 안 된다.]

☞ 그는
현대 사회의 부조리하고 부도덕한 도덕은
강력한 힘으로
침묵과 같은 '소극적 긍정'이 아닌
'적극적 긍정'까지를 원한다는 것을 간파했다.
그리고 은유적으로
인간 존재의 나약함을 비판한다.
도덕적 인간에 대한 비판과 함께.

 모방을 벗다

🖋 다른 실존 철학자는 니체 (Friedrich Nietzsche

도덕 자체를 비판한다.

그는 이렇게 말했다.

[모든 도덕은 노예의 지혜나 만병통치약과 같이

음습한 저승의 냄새를 풍긴다.

세 번이라도 얘기하겠지만

도덕은 어리석음과 소심함이 뒤섞인 것에 지나지 않는다.]

🖋 두 실존 철학자 모두 윤리학과 도덕에 대한

존재자인 인간의 창조적 변화를 원했다.

100년 전 철학자의 창조적 의지가

지금 우리의 그것보다 떨어지지 않는다.

🖋 창조적 의지를 추구하는 자는

이대로 아무것도 하지 않은 채 침묵하고 포기할 수는 없다.

이렇게 질문하라.

우리 사람에게 필요한 것이 무엇인가?

사람에게 제시해야 하는 가치는 무엇인가?

다수의 평범한 사람에게

평화롭고 편안한 삶을 제공하기 위해

우리가 무엇을 해야 하는가?

모방을 벗다

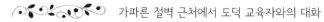

〃 이에 관하여 우리는 오랫동안 깊이 사유해야 한다.
그것이 결국 '존재 [나]로 향하는 문(門)'이기 때문이다.
그것이 잃어버린 [나]를 찾는 문이다.
그들이 평온함으로써 비로소 내가 평온할 수 있기 때문이다.

우리는 위대한 철학가 왜 도덕을 파괴하려고 했는지에 대하여 정확히 알지 못한다. 붉게빛남은 그것이 그 시대에 적합한 도덕에 관한 창조적 의지를 갖기 위한 조건임을 주장한다. 우리는 그것이 [나]를 찾는 좁은 길을 내어 준다는 것을 인식한다. 이 인식을 어떻게 행동화할 것인가? 우리가 창조한 가치를 기존의 도덕을 초월해서 어떻게 사람과 공유해 나갈 수 있겠는가? 약간은 회의적일 수 있다. 키르케고르의 이렇게 독백했다. "왜 나의 영혼과 사상은 이렇게도 결과가 없는 것일까?" 지금 우리도 150년 전 키르케고르와 비슷한 상황 아닌가? 하나의 생각이 우리를 붙든다. '내 가족, 주변 사람, 인간 일반을 평온하게 함으로써 나를 평온하게 하라'는 붉게빛남의 말이다. 이것이 인식의 행동화를 위한 시금석인가?

그리고 그는 기존 가치와 존재 [나]가 제시하는 새로운 가치에 대하여 이렇게 말했다.

모방을 벗다

🖋 존재 [나]가 살고 있는 세상에서는 '내'가 살고 있는 세상의
   가치가 통용되지 않는다.

🖋 한 선구적 삶이 고요한 침묵 속에서 아무도 말하지 않고 침묵하지만
   인간 전체의 행동을 바꾼다. 그리고 이것이 인간 일반을 유지
   케 한다.

🖋 주위 사람을 자유롭게 하라. 그가 [나]를 자유롭게 해 줄 것이
   다.

항도적 의지를 위하여

 모방을 벗다

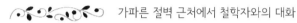

27. 실존 철학과 인식 철학

철학은 인식 철학, 존재 _{실존} 철학 그리고 의지_{가치} 철학으로 분류된다. 어제 산에 오르면서 우리는 인식 철학의 위험성에 대하여 이야기했다. 그것은 존재에 대한 경시를 이끌기 때문이다. 반대로 존재 철학은 인식에 대한 경시를 이끌 것이다. 이에 대하여 철학을 공부하는 자가 물었다. 창조적 의지를 _{모방적 의지의 반대 개념} 갖기 위한 삶의 태도와 사물을 보는 관점에 대하여. 붉게빛남은 이렇게 말했다.

☞ 사람의 삶에 대한 태도 변화는
존재 변화와 인식 변화
두 방향으로 진행된다.
이 두 가지 삶에 대한 태도는 삶을 변화시켜
그 가치를 증대시키는 데 그 목적을 두며
이는 실존 철학과 인식 철학이라는 두 가지 정신을 이룬다.
이것이 전부이다.
철학은 그렇게 어렵고 복잡하지 않다.

☞ 실존 철학이 추구하는 것은
삶 속 존재자의 변화이다.
관념에 새로운 창조는 없다고 생각하기 때문이다.

  모방을 벗다

　　☞　실존 철학은
우리 삶 속 존재 변화와 재구성을 통해
존재의 가치를 증대하고자 한다.
실존 철학은 존재에게 모든 선택권을 주며
인간 즉 존재 자체의 의미와 가치를 강조한다.

　　☞　인식 철학은
오히려 인식 주체 즉 존재는
변화 또는 새로운 창조가 어렵기 때문에
인간이 실제 사유할 수 있는
인식을 변화시키거나 창조함으로써
우리 삶을 변화시키고자 합니다.
인식은 무한하기 때문에
인식 주체는 끊임없이 자기 인식을 발견하고
숨겨져 있던 인식 세계를 넓혀갈 수 있다고 생각한다.

　　☞　실존 철학은 인식에 대한 믿음을
인식 철학은 존재에 대한 믿음을 기초로 한다.
철학은 이 믿음을 통해 사유 균형을 맞추어야 하며
이 균형이 무너지면
모든 정신적 성취는 의미를 잃는다.

창조적 의지를 위하여

모방을 벗다

☞ 지금 이 철학적 기조(基調)가 흔들리고 있다.
실존주의 철학에 힘을 주었던 인간의 인식은
그 영역이 급속히 파괴되고 있고
인식 철학에 힘을 주었던 존재의 확실성은
오랜 시간이 걸려서야 다시 회복될 것 같다.

☞ 물질적 풍요를 위해
자신의 욕망을 해소하기 위해
사교와 쓸모없는 짧은 대화를 위해
인식과 존재 탐구 시간이 부족하게 되었기 때문이다.
우리 인간의 구(求)함이 우리를 파괴한다.

☞ 우리는 실존 철학과 인식 철학을 하나로 모아야 한다.
이제 우리는 독립적으로 구성되어 왔던
우리 실존(存在)과 인식(認識)을 통합하려는
창조적 의지(意志)를 갖춰야 한다.

☞ 우리는 존재와 인식의 불균형을 없애는
철학을 창조해야 한다.
이 철학은 균형을 잃지 않아
비로소 기우뚱거리지 않는 평온함을 찾아 줄 것이다.

모방을 벗다

151

모방을 벗다

그리고 붉게빛남은 이렇게 말했다. "철학은 분리되면 완전하지 않다. 이를 아는데 너무 많은 시간이 걸렸다. 완전한 창조적 의지는 통합사유철학을 통해 완성될 것이다." 우리는 모방적 의지로부터 벗어나 창조적 의지를 가질 수 있을 것인가? 우리는 얼마나 오랜 사유의 시간이 필요할 것인가?

그리고 그는 '존재와 인식의 통합' 그리고 존재 [나]에 대하여 이렇게 다시 말했다.

모방을 벗다

☞ 나는 계속 변화한다. 그러나 변화 속에서 불변성이 존재한다. 그것이 존재 [나]에 가깝다.

☞ 어둠 속에서 어둠을 피해 달아날 수 없다. 침착히 그리고 조용히 아침을 기다리는 것이 좋다. 존재 [나]를 찾을 때도 마찬가지이다.

☞ 존재 [나]는 존재, 인식, 의지의 통합체이다. [나]를 하나의 관점에서 발견하려 하면 실패하기 쉽다.

☞ 우리가 불안한 것은 존재, 인식의 불균형에 기인한다. 이 균형을 맞추기 위해 인간은 투쟁한다. 그리고 절망한다. 그래도 걱정 없다.

 모방을 벗다

28. 사유(思惟)의 세계

삶을 비관적으로 생각하는 자가 물었다. 우리 철학에 아직은 희망이 남아 있는지, 이미 우리는 미래를 결정할 힘을 잃어버린 것 아닌지에 대하여. 붉게빛남은 장래가 그렇게 밝지만은 않음을 암시하면서 이렇게 말했다.

☞ 삶에서 모순을 지적하고
그 모순에 대한 해답을 위해
자기 모든 인식(認識)을 동원해
명쾌한 답을 얻어내려 하는 노력은
사람들에게서 이제 찾기 어렵다.
이는 우리 세대의 책을 보면 알 수 있다.

☞ 우리는 너무도 많은 것을 잃어버렸다.
삶의 가치, 인식하는 즐거움,
의지의 새로운 해석을 위한 노력,
존재에 대한 탐구,
우리는 무엇을 잃어버렸는지조차 혼란스럽다.

☞ 이제, 잃어버린 것을 찾아야 한다.
그것을 찾기 위해서

모방을 벗다

우리는 우선 어둠으로부터 탈출해
밝은 세계로 이동해야 합니다.
등불이 비추어지는 곳에 어둠은 사라지는 법.
우리의 등불은 사유(思惟)이다.

☞ 삶을 이끌 시대 가치 창조에 간절한 의지를 갖고
가볍게 고개 숙여 겸손의 문을 통과하면
모방을 벗어난 가치 창조의 공간이
바로 그 문 너머에 존재한다.
그리고 그 속에는 항상 밝음과 따뜻함이 있다.

그리고 붉게빛남은 이렇게 말했다.

☞ 태양이 떠오르면
밤사이 생각한 만큼 그렇게
감출 수 있는 것이 그렇게 많지 않다.

그리고 그는 사유(思惟)의 세계와 존재 [나]에 대하여 이
렇게 말했다.

모방을 벗다

잃어버린 것이 무엇인지 안다면 문제는 크지 않다. 그리고 그 것의 가치까지 알게 되면, 사람은 곧 찾게 될 것이다.

존재 [나]를 찾는 것은 태양이 떠오르는 것과 같다. 드디어 어둠 속의 것이 잘 보인다. 하지만 어둠 속에 없던 것이 새롭게 생성되는 것은 아니다. 어둠 속에 있다 해도 걱정할 것 없다.

창조적 의지를 위하여

모방을 벗다

29. 숭고한 자(者)를 기다리며

시를 공부하는 자가 물었다. 누군가가 [나]를 찾기 위한 여정에 도움을 줄 수 있는지에 대하여. 우리 스스로가 [창조적 의지]와 존재 [나]를 찾기에는 너무 많은 시간이 걸리는 것 아닌지에 대하여. 그러나 붉게빛남은 그 누구도 그것을 직접 도울 수 없음을 강조하며 이렇게 말했다. 단지 소수의 고귀한 정신만이 그를 안내할 수 있을 뿐이라고.

☞ 우리 시대의 사람은 사회적 문화적 욕구 충족이
어느새 삶의 목표가 된 것 같다.
그런데, 이는 사람을 통제하려는 의도를 가진
보이지 않는 힘의 주도하에 이루어지고 있다.
한 유럽 철학자의 미셸 푸코 (Michel Foucault)
우려가 조금씩 현실화하고 있다.
우리가 스스로 쇠사슬을 채우고 있다.

☞ 보통 이 의도된 목표 사회적 문화적 욕구 충족 가 달성되면
사람은 자기 삶을 다시 돌아보는데
이미 이때는 삶이 고정되어 있음을 느낀다.
어렵게 달성한 목표가
자유를 주는 것이 아니라

 모방을 벗다

자신을 억압하는 쇠사슬로 작용한다는 것을 직감하는 것이다.
우리 인간 욕구 증대는
예상치 않게도 문명 발전 의미를 상실케 한다.

☞ 이는 힘없는 자만의 문제는 아니다.
이미 모든 것이 충족된 부와 권력 계층 또한
자신이 유리한 기회를 가졌음에도 불구하고
자기 욕구 또는 부와 권력 유지에
대부분 시간을 허비하고
자유를 잃어버린다.

☞ 사실, 부와 권력 계층은
자기 시간을 무엇을 위해 사용해야 하는지 잘 모르는
더욱 무지하고 비참한 계층인 경우도 많다.
그는 삶을 자기 욕구대로 할 수 있음을
매우 다행스럽게 생각하고
그 욕구 충족에 만족하기 때문이다.
시간이 지나면 지나온 삶이 그를 억누를 것이다.

☞ 우리 세상은
자신뿐 아닌 인간 일반 전체가

창조적 의지를 위하여

모방을 벗다

자유로운 삶, 평온한 삶을 함께 살아가는 곳이어야 한다.
자기만을 위한 욕구에 쉽게 만족해서는 안 된다.
그 가벼운 만족 속에서 존재 [나]는
깊은 암흑 속으로 숨어 버린다.

🖋 가난한 자, 부·권력 계층 모두
자기 시간을 무모한 본능적 의지에 사용한다는 점에서
크게 다르지 않다.
우리 시대에는
숭고한 귀족적 계층이 잘 발견되지 않으며
이로써 민중을 인도할 수 있는 계층이 보이지 않는다.

🖋 부와 권력 계층이
귀족 계층의 겉모습을 모방하려고 애쓰고
또 어느 정도 성공하는 듯하다.
그러나 숭고한 귀족의 핏속에 흐르는
고귀한 인간 일반을 인도할 수 있는 정신은 모방할 수 없다.

🖋 부와 권력 계층이 귀족을 모방하려는 모습에서
우스운 희극을 볼 때와 같이 웃음을 짓게 되는 것은
바로 이 때문이다.

  모방을 벗다

우리는 새로운 삶의 가치를 도출할
창조적 의지를 가진 자에게만
귀족의 자격과 호칭을 준다.
그가 우리 100년을 인도할 것이기 때문이다.
그리고 그는 잃어버린 나를 찾는데
우리 길을 안내해 줄 것이기 때문이다.

붉게빛남은 이렇게 말했다.

하지만
고귀한 자를 발견하고
그의 도움을 받는 것보다
우리 스스로가 고귀한 자가 되는 것이
더 쉬울지 모른다.

그리고 그는 [나]에게 안내하는 숭고한 자(者)와 존재 [나]
에 대하여 이렇게 말했다.

창조적 의지를 위하여

모방을 벗다

🖝 존재 [나]를 찾을 때 모든 것이 나를 도와준다. 그런데도 우리가 [나]를 찾지 못하는 이유는 사실, 우리가 [나]를 찾으려 하지 않기 때문이다.

🖝 빨리 얻은 것은 빨리 잃는다. 얻은 것이 사라지는 것은 아니지만, 그 의미와 가치를 알지 못해 그것을 쉽게 잃는다. 그것을 잃으면 존재 [나]에게는 더는 소용없다.

🖝 존재 [나]는 숭고함을 통하여 완성되어 간다. 숭고한 자를 모방하는 것과 내가 숭고한 자가 되는 것은 다른 일이다.

🖝 존재 [나]는 모방하지 않는다. 그것이 신(神)이라 하더라도.

모방을 벗다

30. 가치의 재건 그리고 자유 정신의 회복

　　그의 말을 듣고 있던 시를 공부하는 자가 다시 물었다. 자기 스스로 숭고한 자로 탄생하기 위해 무엇을 해야 하는지에 대하여. 붉게빛남은 이렇게 말했다.

　우리 오염된 토양은
정신적 귀족 계층 탄생을 예고한다.
이제 곧 나타날 숭고한 귀족이 인간 일반을 인도할 것이며
귀족연(貴族然) 하는 계층은
그 앞에서 우스꽝스러운 자기 본래 모습을
드러낼 것이다.

　새롭게 탄생하는 숭고한 자는
미로 속에서 새로운 가치의 길을 발견한다.
그리고 오래지 않아
삶의 가치와 철학을 재정립할 것이다.
이는 인류의 생존 문제이며 선택의 문제가 아니다.
숭고한 자는
사람들이 자신의 도움이 필요하다는 것을 알기 때문에
모든 것을 희생해서라도 그것을 이룬다.

창조적 의지를 위하여

모방을 벗다

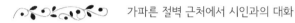

☞ 숭고한 자를 기다리는 우리가 준비해야 할 것은
자기 삶을 재구성할 수 있는 '자유정신'이다.
숭고한 정신적 귀족이 인도하는 자는
자유인을 희망하는 자이지
노예 상태에 만족하는 자는 아니기 때문이다.

☞ 자신의 삶을 완전히 고정해
자유정신을 잃어버리고
노예 상태의 안전에 만족하는 자는
그에게서 아무것도 받을 수 없다.

☞ 자유정신의 회복은 자신을 지배하고 있는
정신적 압제에서 벗어나는 것이다.
그리 어려운 일도 아니다.
사람은 본성적으로 자유정신을 소유하고 있기 때문에
이와 같은 자유를 향한 탈출은
우리 본성과 잘 일치하기 때문이다.

☞ 그러나 숭고한 자는
사람 삶의 가치, 철학의 재정립 그리고 자유정신의 회복,
이를 위해 큰 희생을 해야 할지도 모른다.

 모방을 벗다

🖙 우리는 셋 중 하나를 선택해야 한다.
숭고한 자로 탄생할지
자유인으로 그를 따를지
노예 상태 그대로 살 것인지.

🖙 우리는 숭고한 자를 선택할 수 있다.
그리고 그 숭고함으로의 길은
자기 존재에 대한 탐구
잃어버린 [나]를 찾는 것에서 시작한다.
왜냐하면, 실존적 존재 [나]는 모든 것을
자유롭게 하는 것을 목표로 하기 때문이다.

🖙 하루가 변하는 것은
태양의 움직임을 그 근원으로 하는 것이 아니다.
존재 [나]를 찾는 것도 이와 다르지 않다.
[나]는 태양과 같은 것이다.

　　　붉게빛남은 이렇게 말했다.

창조적 의지를 위하여

 모방을 벗다

☞ 아주 어리석지만 않다면
추운 겨울을 견딘 자는
계절의 변화를 이해한다.

　　우리는 추운 겨울을 지나왔는가? 우리는 계절의 변화를
이해할 수 있는가.? 우리는 [나]를 이해할 수 있는가? 우리는 이
절벽에서 방황하고 있다.

　　그리고 그는 자신이 숭고한 자(者)로 탄생하기 위해 해야
할 일과 존재 [나]에 대하여 이렇게 말했다.

모방을 벗다

   존재 [나]를 발견하기 위해 가장 먼저 해야 할 일은 모방으로 부터 벗어나 창조적 의지를 갖고 삶의 가치를 재건하는 것이다. 이는 자신의 가치를 회복하고 행동으로서 그것을 보여 주는 것이다.

   숭고한 자가 보여 주는 것은 행동으로서이다. 행위가 모두를 인정케 한다. 그 행동이 무엇을 의미하는지는 각자가 판단할 일이다.

   존재 [나]를 찾지 못하는 것은 사실, 그것이 어려운 것이 아니라 현재의 즐거움과 그것을 구(求)하려는 욕구가 존재 [나]를 찾기를 원하지 않기 때문이다.

   존재 [나]의 근처에 가까울수록 동요와 의심은 커진다. 태양에 가까울수록 뜨거운 것과 같다. [나]는 태양과 같아서 모든 오류를 녹여낸다. 숭고한 자(者)도 이와 비슷하다.

 모방을 벗다

31. 나태함과 무지함

　　절벽에서 일어나 우리는 좁은 산길을 따라 내려가기 시작했다. 가을 산의 정오는 생명을 느끼게 해준다. 구름, 붉은 잎, 푸른 소나무, 눈에 익은 풍경이 눈에 들어오고 발걸음이 가벼워진다. 한 시간쯤 내려오니 매우 큰 느티나무가 눈에 들어온다. 보통 느티나무는 한가지 색으로 단풍이 드는데 이 큰 느티나무는 노란색과 붉은색으로 크게 구분되어 물들어 있다. 우리는 큰 나무 아래 자연스럽게 모여서 모방적 의지에서 벗어난 창조적 의지에 관한 생각을 나누고 있다. 이때 삶을 낙관적으로 보는 자가 물었다. 우리가 모방에서 벗어나 창조적 삶을 쉽게 발견하지 못하는 이유에 대하여. 붉게빛남은 이렇게 말했다.

🖋 자신이 원하는 삶을 살지 못하는 까닭은
나태함이거나
자신이 원하는 삶이 무엇인지 잘 알지 못하기 때문이다.

🖋 여러 가지 이유로
어느 정도 자기 의지에 반하는 삶을 살아가야 하기도 하지만
이는 자기 의지로 많은 부분 극복할 수 있다.

 모방을 벗다

☛ 그러나 인간에게 있어 가장 천박한 본성인 나태함은
엄청난 힘으로 인간을 압박해오고
이를 견디는 자는 많지 않다.
더욱이 나태함의 근원이 인간 깊숙이 뿌리 박고 있는
자기 보존의 본능으로 잘못 인식되어
변명 거리를 제공하고 있다.

☛ 우리는 행복을 안락함으로 인식하는 기형적 오류를
너무나 오랫동안 믿어 왔기 때문에
이제는 도처에서 행복을 달성한 자가
눈에 띄는 듯한 착각을 일으킨다.

☛ 우리는 아주 손쉽게
이러한 기형적 행복 상태에 도달할 수 있는데
그것은 나태함을 통해서 마치 무엇인가 안락한 상태
또는 어느 정도 자신이 원하는 삶을 달성한 듯한 상태를
느끼기 때문이다.

☛ 나태함과 그것에 대한 무지함은
삶의 목표를 바꾸어놓기까지 하며
마약과도 같이 작용하여

모방을 벗다

이로부터 벗어나 험난한 자신의 길로 다시 들어가려 해도
그 안락한 행복 상태에 대한 욕구는
사람을 다시 미로로 빠뜨린다.

역사상 인간이 이루어낸 대부분의 성과는
이 나태함을 극복한 자에서 생성된 것이다.
편안히 앉아 시간을 보내는 것을
삶의 목표로 삼지 말라.
이는 죽음의 상태와 크게 다르지 않다.

우리가 창조적 의지를 갖기 어려운 이유는 나태함과 그것
에 대한 무지함이다. 우리는 매우 바쁘게 자신의 삶을 만들어 가
는 듯싶지만 정작 실제 존재에게 실존(實存) 필요한 일은 거의 아
무것도 하지 않는다고 말해도 될 만큼 나태하고 또 무지할지 모
른다.

그리고 그는 모방적 의지를 부수고 창조적 의지를 발견하
게 하는 존재 [나]에 대하여 이렇게 말했다.

모방을 벗다

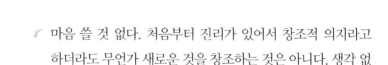

🖋 마음 쓸 것 없다. 처음부터 진리가 있어서 창조적 의지라고 하더라도 무언가 새로운 것을 창조하는 것은 아니다. 생각 없는 모방으로부터만 벗어나면 된다.

🖋 한가로움과 여유로움과 나태함. 이것들을 구분할 수 있으면 나태함은 별문제 될 것 없다.

🖋 죽음으로부터 도망가려는데 죽음을 향해 가고 있다. 존재 [나]를 향해 가려는데 [나]로부터 도망가고 있다. 맞는 것이 틀림없는데, 거짓이라고 믿고 있다.

 모방을 벗다

32. 도서관속 위인들의 허구(虛構)

예술을 공부하는 자가 물었다. 우리 시대에 새롭게 적용되는 가치 창조를 위한 창조적 의지를 인류 역사상 중요한 위인의 삶을 배워가는 것에서 도움받을 수 있을지에 대하여. 붉게빛남은 천천히 걸으며 이렇게 말했다

☞ 나태함과 더불어
우리 삶의 또 다른 혼돈은
삶의 가치 인식 부재(不在)에 의한 혼란스러움이다.

☞ 삶의 목표와 의미가 명확하지 않으면
우리는 의지의 혼란을 겪는다.
이 혼란은 결국 의지의 분열을 야기한다.

☞ 의지가 분열되면
자신의 힘과 노력을
어디에 사용해야 하는지에 대한 근거를 잃게 되며
이로써 삶 전체로 분열이 확산한다.
자세히 보면 우리 주위에 이미
분열된 의지에 의해
파괴된 삶을 사는 사람으로 가득하다.

 모방을 벗다

☞ 이를 막기 위해
끊임없이 모방을 파괴하고
자기 자신의 독립적 삶의 가치를 발견하고 확인하는 데
많은 시간을 사용해야 할 것이다.
아무리 보잘것없는 현재 상황에서도
모방하지 않는 자신의 아름다운 가치를
창조해 낼 수 있다.
죽음을 눈앞에 둔 병자라 할지라도.

☞ 삶이 분열되면
보통 자신 이외의 자를 삶의 목표로 하는 경우가 많다.
그런데 이 같은 모방은
타인의 외형적 성취에 대한 것이기에
이는 자기 삶을 오히려 어지럽힌다.

☞ 진정한 성취는
그의 내면적 작용에 의해 성취된 것이기 때문에
누구도 모방할 수 없다.
그런데 절대 모방할 수 없는 삶에 대해
거짓 현명한 자는
어린 시절부터 모방할 것을 강요한다.

모방을 벗다

☞ 타인의 외형적 성취에 대한 모방에
자기 삶을 허비하면
그 목표를 달성했다 하더라도
자기 삶의 진정한 내면적 충만감을 갖지 못한다.

☞ 우리에게 중요한 것은
삶의 외면적 성취가 아니라 내면적 충만이다.
어떤 의미에서
우리의 우스꽝스럽고 자랑스러운 도서관으로부터
몇 사람의 것을 제외하고
대부분 위인전을 없애는 것이 좋을지도 모른다.
모방적 의지에서 벗어난 창조적 의지와
잃어버린 [나]를 찾기 위해.

모방을 벗다

그리고 붉게빛남은 이렇게 다시 말했다.

☞ 자신 이외 그 누구도
삶의 목표로 삼지 말라.

모방을 벗다

우리는 존재 [나]를 목표로 살아왔는가? 이것을 이기적이라고 교육받아오지 않았는가? 오해인가 아니면 숨겨진 진리인가? 숨겨진 진리라면 우리는 모두 대부분 가식적 연극을 하는 것인가? [비극적 확신]에 대한 이야기가 떠오른다.

그리고 그는 창조적 의지를 위한 타자(他者)의 역할에 대하여 이렇게 말했다.

 모방을 벗다

☞ 존재 [나]와 위인이 무슨 상관인가. 왜 위인들을 따르라 하는
가. 아마도 몇 사람을 제외하고 위인 자신은 자신을 따르라
하고 싶지 않을 것이다. 물론 외면적 나와는 상관이 있다.

☞ 나의 가치, 너의 가치와 위인의 가치는 다르지 않다. 위인의
가치를 높이 평가하는 이유는 그렇게 함으로 이익을 얻는 자
에 의해 조작되었을 것이다. 아니면 무지(無知)하거나.

☞ 무지한 자들이 자꾸 삶을 이끌어 간다. 사람은 혼란스럽다.
그래도 걱정 없다. 진리와 존재 [나]는 이미 여기 있으니.

☞ 내가 원래 가고 싶고 가야 하는 곳에 이미 존재 [나]는 거기에
있었다. [나]를 발견해도 별다를 것 없다.

모방을 벗다

33. 삶에서의 창조의 의미

　　맑은 파란 하늘과 소나무가 늦가을 산을 아름답게 장식
한다. 미래를 공부하는 자가 물었다. 우리 미래는 어떻게 바뀌어
야 할 것인지에 대하여. 그리고 철학을 완성하고 존재 [나]를 찾
고 난 후, 도달하고자 하는 삶은 어떤 모습일지에 대하여. 붉게
빛남은 이렇게 말했다.

❧ 우리가
아이를 교육하는 데 있어서
절대로 잊지 말아야 할 것은
그에게 끊임없이 무엇인가 생각하고
활동하도록 해야 한다는 것이다.

❧ 나태함이 파고들지 않는다면
그것이 비록 쓸모없다고 생각되며
그의 삶에 부정적 역할을 하더라도
그를 억압해서는 안 된다.
왜냐하면 사람은
자신의 삶을 바꿀 수 있는 능력을
천부적으로 가지고 있기 때문이다.

 모방을 벗다

✎　억압은 사람에게 무의식적인 절망 상태를 야기하며
그를 수동적 세계 속으로 빠뜨려
자신의 삶을 창조할 수 있는 능력을 박탈한다.
미래 삶에 대한
활기차고 상쾌한 미풍과도 같은 창조성의 전통이 박탈된 삶은
오래지 않아 어두운 파멸의 길로 들어서게 될 것이다.

✎　아이에게서 창조적 삶을 박탈하는 또 다른 원인은
어른의 어리석은 상속 본능이다.
이 어리석음은
자신의 가장 귀중한 자산이
삶의 목표에 대한 의지와
성취에 대한 끊임없는 노력이었다는 것을 망각하고
자신의 아이에게
자랑스러운 풍요로움만을 상속하려 함에 있다.

✎　시대정신은
시대마다 갖는 삶의 목표에 대한 의지 방식이다.
이에 대한 성찰에서 비교적 오랫동안
인류를 이끈 사회와 민족의 존속 이유를
찾을 수 있다.

모방을 벗다

❧ 우리는 이제 목표를 수정해야 한다.
우리 목표는
풍요로운 유토피아적 삶도
모방 속에서 고뇌하는 삶이 아니라
맑고 향기로운 바람이 부는 창조적 의지로 가득 찬
즐거운 삶을 만드는 것이다.

❧ 재화는 좀 부족해도 된다.
배고프지만 않다면.
문명은 좀 부족해도 된다.
사람의 마음이 따뜻하다면.

❧ 비록 풍요롭지는 않더라도
삶에 대한 창조적 의지로 가득 찬 공동체만이
사람의 진정한 미래를 위한
인도자적 역할을 수행할 수 있다.

❧ 지금 여기, 이 세상에서도
태초에 신이 창조한 것과 동일한
장엄하고 아름다운 창조가
매 순간 끊임없이 일어난다.

창조적 의지를 위하여

 모방을 벗다

우리 목표는 수정되어야 할 것 같다. 우리는 잘못된 목표를 향해 가고 있는지도 모른다. 사실, 이것은 우리 모두 어느 정도 알고 있다. 그러나 우리는 그 대안(代案)을 찾지 못했다. 결과도 희망적이지는 않다. 사람들도 회의적이다. 하지만 우리는 우선 풍요로움을 향한 전진은 이제 멈추어야 할 것 같다. 그리고 주위의 맑은 그리고 서늘한 바람을 돌아보면서.

그리고 그는 우리가 바라는 삶의 모습과 존재 [나]에 대하여 이렇게 말했다.

모방을 벗다

 억압의 근원을 찾는 것, 그리고 그것을 없애는 것. 존재 [나]를 찾고 싶은 사람이 실제로 가장 먼저 해야 할 일이다.

 우리가 원하는 삶은 자유롭고 평온한 삶이다. 물론 평등하게. 우리 삶이 불합리한 것은 동물과 별 차이 없는 평등에 대한 무지 때문이다.

 풍요롭고 편리한 세상을 향한 진보는 이제 멈추는 것이 좋다. 존재 [나]는 그것을 그렇게 원하지 않는다. 그것을 원하는 것은 어리석은 자본가뿐이다.

 없는 것을 생각하지 말고 있는 것을 본다. 없는 자유를 생각하지 말고 있는 자유를 본다. 온 세상 있는 것으로 가득하고 온 세상 자유로 가득하다.

 모방을 벗다

34. 삶의 성찰과 창조적 의지

가난한 도시 노동자가 물었다. 모방으로부터 벗어나 창
조적 의지를 갖기 위한 조건에 대하여. 가난한 도시 노동자와 같
이 자기를 위한 시간이 적은 사람도 같은 기회가 있는지에 대하
여. 붉게빛남은 주저함 없이 이렇게 말했다.

☞ 가을바람과 같은 경쾌한 창조적 의지는
삶을 가볍고 자유롭게 한다.
창조적 의지를 가진 자는
자신을 둘러싼 어떠한 억압 속에서도
자신을 절망으로부터 보호한다.
그에게서 분출되는 의지는
어떤 다른 자의 의지에 의해서도 방해받지 않으며
자기 삶을 한 걸음씩 한 걸음씩 만들어 간다.

☞ 그의 삶은
타자(他者)가 가지 않은 새로운 길에의 열망으로 가득하다.
비록 현재 그 길이
자신을 만들어가는 데 중요한 힘으로
작용하기에 미약하다 하더라도 실망하지 않고
서두르지 않는다.

 모방을 벗다

☞ 그는 자기 삶이 성취한 결과에서
자신의 가치를 혼자 고독 속에서 즐거워할 수 있다.
그에게 삶의 가치는
자유로움과 그 완성을 그 목표로 하기 때문이다.

☞ 우리는 자기 삶이
자신의 자유를 위한 모방적 의지가 아닌 창조적 의지에 의해
수행되고 있음을 발견(省察)할 때
이미 가치 창조자의 역할을 의지(意志)한 것이다.
이미 자기 가치를 창조했기 때문이다.
그는 이제 누구보다도 고귀한 자유로운 자이다.
이 고귀함은 빈부와 무관하다.

☞ 그러면 경쾌한 창조적 의지는
어떻게 우리에게 다가오고
또 어떻게 이를 우리 삶 속에서 구현해야 하는가?

☞ 자유를 위한 창조적 의지를 위해
우선은 현재 우리 위치, 우리 삶을 성찰해야 한다.
시작점을 확실히 모르는 자는
앞으로 나아갈 수 없다.

창조적 의지를 위하여

모방을 벗다

✒ 지금 우리가 [어디에 있는가]를 성찰해야 한다.
자유를 향한 창조적 의지는
끊임없이 자신의 삶을 변화시키고 있는
존재, 의지 그리고 인식에 대한
지속적인 자기화 과정이 필요하기 때문이다.
숲속에서 자기 위치를 알지 못하면
새로운 길을 향해 나아갈 수 없다.

✒ 현재 삶의 위치를 성찰하여
자기만의 존재, 의지, 인식 공간을 구성해야 한다.
삶을 깊이 사유해야 비로소
삶의 구성 요소를 자기화할 수 있다.
이에 따라 자기화된 구성요소
자기 삶의 가치를 재구성, 창조할 때
자유를 향한 의지는 드디어 방향성을 가질 수 있다.

✒ 우리는 사유공간에 대한 성찰에
몰입함으로써 얻을 수 있는
실존적 자유 의지를 포기해서는 안 된다.

모방을 벗다

‟ '자기 사유와 관조(觀照)'
우리 삶 속에서 이보다 더 중요한 것은 없다.
타자(他者)가 만들어 놓은 욕망과 속박의 세계에서 벗어나
자신을 자유롭고 평온하게 바꾸어야 한다.
잃어버린 존재를 탐구하기 위해
지체하지 말고 지금 출발하라.

‟ 이와 같은 자신을 향한 관조(觀照的)는
자신이 결국 타자와 다르지 않음에 대한 인식으로 이어지고
이는 고통받는 사람, 인간 일반을
따뜻하고 마음 편안한 곳, 자유로운 땅으로 인도할
근원적 힘을 줄 것이다.

멈추어 돌아봄에 의해 그리고 타자(他者)를 위한 삶 속에서 [나]를 발견할 수 있다. 이는 도시의 가난한 자가 자기 처지를 걱정할 필요 없는 피안(彼岸)의 세계인지도 모르겠다.

그리고 그는 우리 삶에 대한 성찰과 존재 [나]에 대하여 이렇게 말했다.

모방을 벗다

☞ 서두르지만 않는다면 부족한 삶도 나쁘지만은 않다. 모두 모방적 의지를 좇을 때 쉽게 그것을 놓을 수 있기 때문이다. 그런데 사실 존재 [나]는 부족함이 없다.

☞ 존재 [나]는 구(求)하는 것이 없음을 특징으로 한다. 구(求)하는 것이 없으면 부족하지도 않고 화(火)도 나지 않는다. 모방을 벗어난 창조적 의지는 구(求)함에서 자유로워야 한다.

☞ [나]는 존재이고 의지이고 인식이다. 이를 통합하여 사유함으로써 나의 좌표가 그려진다. 자신의 위치를 사유하면 [나]는 드디어 모습을 드러낸다.

☞ 마음 쓰지 않아도 된다. 우리 세상은 하나가 아니다. 타인의 세상과 내 세상. 수많은 삶 속에서 '나'를 하나쯤 잃어버려도 별로 상관없다.

 모방을 벗다

35. 젊음의 위장술과 무의지

시인이 다시 물었다. 모방에서 벗어난 창조적 의지와 ^{젊고} _{새로운 세대의} 기존 질서에 대한 거부와의 차이에 대하여. 붉게 빛 남은 이렇게 말했다.

☞ 사람들 다수의 분열된 의지가
그들의 내면세계로까지 침투되면
이에 대한 거부 반응으로
새로운 세대의 비정상적 탄생이 시작된다.

☞ 의지가 분열된 그는
기존 질서의 거부를 자신의 의지처럼 여긴다.
그는 마치 자기가 기존 질서의 역류에 동참하여
새로운 질서를 만들어간다는 오류에 빠진다.

☞ 그는 자기 의지대로 삶을 살아가는 것처럼 생각한다.
하지만 그의 깊은 무의식 속에는
의지에 대한 무력감이 내재해 있다.
오래지 않아, 동질화의 의지에조차 도달하지 못하는 자신을
스스로 자각하며
무의지 세대로 전락해 버리고 말 것이다.

창조적 의지를 위하여

 모방을 벗다

◞ 기존 세대의 동질화에 의지는
자신의 전부를 걸고 이루어놓은 질서이다.
우리 새로운 세대는
이 엄청난 의지에 맞설 힘을 갖지 못했다.

◞ 그는 무미건조해 보이는 듯한 동질화 의지 질서 속에서
자신의 허약한 모습을 드러내지 않기 위해
과감히 반항아로 위장한 것이다.

◞ 이 위장술은
동질화의 의지에 익숙한 기존 세대를
위협하는 듯한 모습으로 보이기도 한다.
그러나 그는 자신이 기존 동질화의 흐름 속에
어떻게든 발 디딜 수만 있다면
언제든지 그 가면을 벗어 던질 것이며
그는 자기 행동에 스스로
조소를 보낼 준비가 되어있다.
우리는 이미 그런 사람을 많이 보지 않았는가?

◞ 우리는 무의지(無意志)의 젊고 새로운 세대,
그에게서 아무것도 기대하지 않는다.

모방을 벗다

🖌 스스로 젊다고 생각한다면
자신의 무의지성(無意志性)을 깊이 숙고하고
만일 그렇다면 그 황무지로부터
빨리 떠나야 할 것이다.

　　우리는 과연 창조적 의지를 갖고 있는가? 명확하지 않은 가? 이 불명확성을 가지고 존재 [나]를 발견할 수 있겠는가? 나 또한 나를 위장하고 있을 뿐인가? 존재 [나]는 나에게 다가왔다 가 다시 멀어지는 느낌이다.

　　그리고 그는 삶 속 위장된 진리와 존재 [나]에 대하여 이 렇게 말했다.

모방을 벗다

🖋 우리는 가장(假裝)하지 않는 것이 좋다. 처음은 사람들의 호
감을 얻을 수는 있으나 두 번째는 조롱거리로 전락한다. 진리
를 탐구하는 자는 특히 그렇다.

🖋 존재 [나]는 '나'의 세계를 부정한다. 그러나 이는 우리가 존재
[나]의 세계를 완전히 안 이후의 이야기다. 그렇지 않으면 우
스운 생각의 소유자가 될 것이다.

🖋 위장된 진리를 구분하는 방법은 단지 세 사람의 동의를 구해
보면 된다. 위장된 [나]도 비슷하다.

모방을 벗다

36. 새로운 탄생을 위한 준비의 시간

음악을 공부하는 자가 물었다. 그렇다면 창조적 의지에 무력한 _{또는 무관심한} 우리가 준비해야 하는 것이 무엇인지에 대하여. 바람이 없는데도 떨어지는 붉은 느티나무잎을 맞으며 붉게빛남은 이렇게 말했다.

☞ 우리 시대 새로운 세대는
자신이 아직은 미숙함을 인식해야 한다.
그에게는 그만의 자유 시간이 더 필요하다.

☞ 자신의 무력을 감추기 위한
확신 없는 자기주장이 개성으로 둔갑하고
삶의 의미를 인식할 사유능력을 아직 갖지 못했음에도
자신이 원하는 삶을 살고 있다는 착각으로
자신을 자랑스럽게 생각하기도 한다.

☞ 그를 그대로 두어서는 안 된다.
이 젊고 새로운 세대를
진정한 변화의 물결로 전환하기 위해
우리는 몇 가지 과제를 준비하고 수행해야 한다.

 모방을 벗다

창조적 의지를 위하여

☞ 우리 시대를 이해할 수 있도록 도와주는
인간이 이룩해놓은 사상과 문학, 고전에 대한
[집중 독서 기간]
우리 인류의 삶 속에서 자신의 목표를 찾기 위한
[자기 성찰 기간]
사물의 본질을 파악하여 그 본질로부터
자신과 삶의 본질을 발견하기 위한
[이성적 사고 능력 배양 기간]
그리고 인간의 감성을 분류하고
그 감성을 인식하기 위한
[감성 인식 기간]이다.

☞ 새로운 세대란
기존 질서의 가치를 전환하고
자신의 새로운 질서를 창조하여
새로운 삶을 창조케 하는 자를 의미한다.
우리 고귀한 인간의 운명을
미숙한 자에게 맡길 수는 없다.

☞ 미래를 인도하는 자가 되고 싶다면
네 단계의 준비를 위해

모방을 벗다

10년을 견뎌야 한다.
이를 견디지 못한다면
자신에게 진정한 의미의 새로운 세대라는 이름이
부여될 수 없음을 잊지 말아야 한다.

우리 젊은 세대가 10년의 공부를 인내할 수 있을 것인가?
반대로 우리는 그에게 10년 공부의 기회를 제공해 줄 수 있을 것
인가? 이것은 어려운 문제이다. 기다려 주지 않는 사람 속에서
이제 우리 철학은 누가 책임을 다할 것인가? 철학은 깊은 산 속
으로 숨어 버리는가?

그리고 그는 진리를 찾기 위한 준비와 존재 [나]에 대하여
이렇게 말했다.

 모방을 벗다

☞ 존재 [나]를 찾기 위한 첫 번째 준비는 자신이 가지지 못한 것에 대한 인정이다. 이것은 시작일 뿐이나 이것으로 [나]는 드디어 내 주변으로 다가온다.

☞ 진리를 발견하기 위해서는 젊은 시절의 대부분 시간을 준비해야 한다. 선택된 자는 또 다른 선택 받을 자를 위해 자신의 삶을 희생해야 한다.

☞ 자전거를 타기 위해서도 시간이 필요하다. 진리를 발견하는 철학은 말할 것도 없다. 그런데 확실한 것은 누구나 연습을 하면 자전거를 탈 수 있다는 것이다. 철학과 진리의 발견도 동일하다.

모방을 벗다

37. 신(神)의 본성(本性)

신(神)에 관하여 공부하는 자가 다시 물었다. 우리가 찾고 있는 인간의 창조에의 의지와 신(神)의 창조에의 의지와의 차이에 대하여. 붉게빛남은 이렇게 말했다

☞ 사람은 자연 상태에서 자신의 불완전성을 사유하는데
이는 역으로 우리 내부에
완전성의 관념을 보유하고 있다는 것을 의미한다.
즉 만일 신의 관념을 완전성과 일치시킨다면
완전성을 대변하는 '신'을
우리 관념에 보유하고 있다는 것을 의미한다.

☞ 그만일 모든 존재는
그 원인이 있다고 한다면
신의 존재 원인은
'그것을 사유하는 인간으로부터의 완전성이므로'
인간 사유에서 기원한다고 할 수 있다.

☞ 역(逆)으로 모든 존재는
창조 시에 필요했던 모든 것을
그 유지에도 필요로 하므로

모방을 벗다

'완전성의 관념과 신의 일치를 위하여'
신과는 다르게
인간은 자연 상태에서 필연적으로 불완전해야 한다.

☞ 이처럼 인간의 필연적 불완전성으로부터
신은 존재한다.
신은 숭배의 대상이 아니라
사유와 인식의 대상이다.

☞ 그러나 만일 우리가
자연 상태에서의 불완전성을 초월하여
사유를 통해 완전성을 성취한다면
인간을 초월한 신의 관념은 파괴되고
이로써 인간은 신과 동일화될 것이다.

☞ 인간의 신격화인지, 신의 인격화인지는 중요하지 않다.
신과 동일화가 가능한지는
우리 사유에 의존한다.

☞ 인간의 평등적 자유를 향한 창조에의 의지는
인간과 우주 모두를 창조한 신의 그것과 다르지 않다.

 모방을 벗다.

우리는 신(神)과 그렇게 다르지 않다. 존재 [나]와 신(神)은 어떤 관련이 있는가?

그는 신(神)과 존재 [나]에 대하여 이렇게 말했다.

창조적 의지를 위하여

모방을 벗다

☞ 우리가 불완전하면 신(神)은 존재한다. 우리가 완전하면 신
(神)은 존재할 필요 없다. 사유 속 존재 [나]는 완전할 수 있다.
그러므로 사유 속에서 신(神)은 필요 없다.

☞ 신(神)이 인간을 포함한 모든 것을 창조한 것은 틀림없다. 그
러나 그 이후 아무것도 하지 않았다. 인간을 믿기 때문이다.

☞ 오만하게도 인간은 이미 신(神)이 된 듯이 오랫동안 지내 왔
다. 천국을 약속하니 아무 말 없지만, 아마도 자신이 천국에
가지 못하면 신(神)에게 화를 낼 것이다.

모방을 벗다

38. 신(神)의 부활

　　신학자가 다시 물었다. 신(神)을 우리가 사유할 수 있는
지에 대하여 그리고 우리가 사유한 그 진정한 신(神)이 인간의
창조적 의지를 도울 수 있는지에 대하여. 붉게빛남은 이렇게 말
했다.

☞ 신(神)이
숭배의 대상으로 변화한 것은 인간 최대 불행이다.
신의 숭배에 관한 이 오류는
신에 의존해 자신의 삶을 유지하는
일부 종교의 부적절한 사제에 의해 시작되었으나
이제는 가장 중요한 종교의 본질로서 인식되고 있다.

☞ 신(神)에 대한 숭배의 거부는
바로 종교적 이단자로 낙인찍히는 것이며
또 절대로 허용될 수 없는 신에 대한 모독을 의미하게 되었다.
부적절한 종교적 사제는
신에 대한 숭배 의식이 없다면
자신의 존재 의미가 없어질 것이기에
자기가 신과 좀 더 가까운 존재라는 것을 알림으로써
자신에게 주어졌던 권위를 포기할 수 없는 것이다.

창조적 의지를 위하여 4

 모방을 벗다

▨ 그는 '신(神)의 말'이라고 전해지는 경전을
보다 많이 암송함으로써
어렵지 않게 신의 제자로서 존경의 대상이 될 수 있었고
그 매력적인 자리를 지키기 위해
우리 소중한 신(神)을 이용했다.

▨ 경전의 단어대로
그리고 부적절한 사제가 해석하는 대로
자기 삶을 종속시키지 않으면
지옥의 불 속으로 떨어질 것이며
그 의미에 대한 이해가 불가능할 때
그것에 대해 질문을 던지면
그것은 곧 무지와 신앙심의 부재로 비난받게 된다.

▨ 부적절한 사제는 신앙인을
더 정신적 노예화함으로써
자기 위치를 확고히 하고 있다.
이제 신(神)은 독재자이고
신을 따르는 자는 노예가 되지 않으면
종교가 성립되지 않을 정도이다.

모방을 벗다

☞ 우리는 신(神)을 부활시켜야 한다.
인간에게 완전성의 관념과 그에 따른 영원 불변성으로
삶의 힘뿐만 아니라 죽음의 두려움에서 벗어나게 해주는
우리의 신을 되찾아야 한다.

☞ 신(神)을
인간 유한성의 보완쯤으로 버클리 (George Berkeley)
오해 말아야 한다.
우리는 완전한 신을 원한다.

☞ 신(神)은
우리 삶을 만드는 완전한 자이며
우리가 완전해지는 것을 도와주는
사유 속에서 영원히 존재하는
영원한 힘의 근원임을 우리는 인식한다.

☞ 신(神)은
완전하기 때문에 아무것도 요구하지 않는
영원한 절대자이며
이 절대적 힘의 근원, 신을 인식한다는 것은
인간 최대 특권이다.

모방을 벗다

200

창조적 의지를 위하여

☞ 신(神)은

우리 인간에 그리고 부적절한 사제 의해

죽임을 당했지만

이제 우리는 그의 완전성을 회복시켜야 한다.

우리가 원한다면 신은 곧 부활할 것이다.

　　　창조적 의지는 신적(神的) 의지이다. 창조적 의지는 또한 인간적이다. 우리가 신(神)이 될 것을 주문하는가? 아마도 진정한 신(神)은 우리가 지금까지 생각해 오던 신(神)이 아닌 우리가 앞으로 창조할 신(神)이 될 것이다. 이에 대하여 우리는 오랫동안 사유(思惟)해야 한다. 존재 [나]는 신(神)과 어느 정도 닮은 것은 틀림없다.

　　　그리고 그는 신(神)과 존재 [나]에 대하여 다시 이렇게 말했다.

모방을 벗다

존재 [나]와 '나' 사이에 큰 벽이 있듯이 신(神)과 인간 사이에도 큰 벽이 있다. 그 벽은 그렇게 다르지 않다.

존재 [나]와 신(神)의 공통점은 우리에게 자유를 부여한다는 것이다. 조금이라도 그렇지 않다면 [나]와 신(神)은 모두 거짓이다.

우리는 아무것도 요구하지 않는 자(者)만 신뢰할 수 있다. 신(神)도 예외는 아니다. 물론 존재 [나]의 특성도 그렇다.

우리는 신(神)의 또 한 번의 부활을 기다린다. 신의 처음 죽음은 악(惡)한 자 소수에 의해서였고 두 번째 죽음은 선(善)한 자 다수에 의해서였다. 그들은 너무 많은 것을 바란다.

모방을 벗다

즐거운 여름밤 서늘한 바람이 알려주는 것들

Ⅲ장. 질서를 무너뜨리다

오만하게도
나는 내 생각이 틀리지 않다고 믿었었다.

무질서의 삶을 위하여

함께 휴식할 수 있는 자(者)를 만나는 것은
굉장한 행운이다.
그 행운을 나는 항상 가지고 있다.

39. 시간의 작용

큰 느티나무에서 다시 산을 내려가기 시작했다. 사람들은 자신만의 [나]를 품고 있는 듯싶다. 그것은 아직 불완전한 것이겠지만. 아무튼, 각자 자신의 존재 [나]에 대한 형상화를 시작한 것은 틀림없다. 이제 시작이다. 하늘이 넓게 보이는 동그랗고 작은 언덕 위에서 다시 이야기를 시작했다. 음악을 공부하는 자가 물었다. 우리가 지금 느끼고 있는 시간의 정체에 대하여 그리고 그 시간과 우리 존재와의 관계에 대하여. 그는 우리가 찾고 있는 존재 [나]를 찾는다고 해도, 시간에 의해 존재가 무너져 내리지 않겠냐는 의문을 가진 것 같다. 붉게빛남은 이렇게 말했다.

☞ 시간이 흐르는 것을 인지(認知)하는 것은
인간의 인식 중 가장 중요한 작용이다.
단지 몇 시간 동안
시간의 흐름만을 인식하며
모든 외부 작용에서 자신을 격리하면
우리는 시간과 자신의 동질성을
서서히 조금씩 인식하게 된다.
시간의 흐름에 자신을 맡기면 되니
이것은 그렇게 어려운 일은 아니다.

 질서를 무너뜨리다

✆ 이때, 시간은 단지 경과하는 것으로 생각되어 왔지만
어느새 자신과 동일하게 움직이기 시작한다.
자신의 변화를 인식하는 순간, 시간은 움직이며
변화를 인식하지 않는 순간, 시간은 고정된다.
이것은 '인식 시간'이다.

✆ 하지만, 시간을 인식하기 시작하면
사람은 즉시 초조감과 두려움에 휩싸여
이 인식 상태로부터 벗어나기 위해 노력한다.
시간은 하나둘씩 자신의 현재 모습을 현시(顯示)하며
자기 존재를 느끼려 하는 본능이 있기 때문이다.

✆ 많은 철학자의 목표가
존재 근원에 대한 발견이지만
준비되지 않은 사람에게는
자기 존재를 인식하는 것만큼 두려운 것도 없다.
자신이 살아온 삶이
진실에 의해 무너질지도 모르기 때문이다.

질서를 무너뜨리다

☞ 시간은
사람에게서 모든 것을 빼앗는 듯하지만
잘 생각해 보면
우리 삶이 충실하도록 도와주기도 한다.

☞ 시간은
인간이 죽어야 한다는 것을 두려워하도록
그 칼날을 휘두르는 듯하지만
사람에게 드리워진 죽음의 그림자와 투쟁하며
우리 생명을 지킨다.

☞ 시간은
사람에게서 존재를 지우는 듯하지만
인간 존재에 대한 증거를 끊임없이 보여주며
우리가 자기 존재에서 벗어나지 않도록 항상 암시한다.

이제 시간에 관해 이야기를 시작한다. 존재 [나]를 찾기 위한 열쇠 중 또 다른 하나가 시간이라는 생각이 들도록 인도(引導)하는가? 시간은 우리 모든 것을 무너뜨린다. 시간의 정체를 알지 못하면서 존재를 이해할 수는 없다. 그러나 누구도 명확히 파악할 수 없었던 시간의 정체에 대해 우리는 알 수 있을까?

 질서를 무너뜨리다

아마도 쉽게 접근할 수는 없을 것이다. 하지만 '시간사유철학'이 우리 흥미를 끄는 것은 사실이다.

　　　그리고 그는 시간의 정체와 존재 [나]에 대하여 이렇게 말했다.

무질서의 삶을 위하여

질서를 무너뜨리다

🖋 시간은 존재 [나]를 생성시키는가, 무너뜨리는가? 시간과 [나]
는 좌표축이 다르다. 그는 나를 생성시키지도 무너뜨리지도
않는다. 시간과 존재는 서로 각자의 길을 갈 뿐이다.

🖋 [나]는 존재하는 '나', 의지하는 '나', 인식하는 '나'로 구분한다.
이때 시간은 각각 다르게 작용한다. 부분적 '나'는 시간에 따
라 변화할 수밖에 없다.

🖋 시간이 '나'를 파괴해도 변화 없이 남는 것, 그것이 존재 [나]
이다. 그렇지 않으면 완전성이 성립하지 않는다. 그러므로
[나]는 육체와는 관계없다.

질서를 무너뜨리다

40. 시간의 세가지 본질

    그의 말을 듣던 시를 공부하는 자가 물었다. 시간의 본질에 대하여, 즉 [시간이란 무엇인가]에 대하여, 그리고 철학의 공통 질문이지만 그것이 시간의 본질에 대해 안다는 것이 우리 삶과 무슨 관계가 있는지에 대하여. 붉게빛남은 이렇게 말했다.

    ☞ 시간은 시간을 조금 더 느끼고 깊이 인식하면
우주에서 동일성을 가진 유일한 존재로서
우주의 감추어진 비밀을 얻을 수 있는
열쇠임을 서서히 드러낸다.

    ☞ 시간은
경과하는 것으로만 인식해 왔기 때문에
우리는 '시간 고정'을 인식하는데 익숙하지 않다.
[시간 멈춤이 가능한가?]
[모든 움직이는 것은 그 움직임을 멈출 것인가?]
[우주 창조자는 시간을 어떻게 창조하였는가?]
[시계 작은 바늘이 몇 번 회전하면 우리는 사라지는가?]
시간의 본질을 조용히 사유해 보자.

    ☞ 시간을 좀 더 외부 자극을 격리한 채 사유하면

 질서를 무너뜨리다

사물의 시간에 따른 변화 정도의 다양성이 눈에 들어온다.
동일 시간 안에서 사물의 변화는 각각 다르며
이로써 사람 또한
시간에 따른 변화가 필연적으로 서로 다르다.

☞ 그러므로 시간은
모든 인식 개체에 따라
그 변화가 모두 다르도록 존재를 변화시킨다.
이것이 시간의 첫 번째 본질 [시간의 개별성]이다.

☞ 이제 여기서
시간에 관한 인식 변화를 시도한다.
그것은 시간의 흐름에 따라
우리 삶을 맞추어가는 것이 아니라
우리 삶에 맞추어
시간을 변화시키는 것이다.

☞ 즉 시간 흐름 속에 존재를 자신을 변화시키는 것이 아니라
존재 변화 속에서 시간 변화를 경험한다.
이 경험에서 시간의 두 번째 본질
[시간의 변화성]을 인식할 수 있다.

 질서를 무너뜨리다

☞ 시간은
'연속과 규칙'으로 절대성을 갖고 있다.
시간에 대해
인간은 자기 힘으로 어찌할 수 없는
시간 종속성을 갖는다.

☞ 그러나 시간을 더욱 깊이 인식해
우리는 시간 연속성과 규칙성으로부터 벗어나도록 시도한다.
이는 '시간의 개별성과 변화성'을 인식하면 된다.

☞ 이때 우리가 스스로 주관하는 독립된 시간이 움직인다.
이것을 우리는 종속성과 대비하여 시간의 세 번째 본질
[시간의 독립성]으로 정의한다.

☞ 질서를 무너뜨릴 수 있다.
결코 무너뜨릴 수 없을 것 같은
시간의 관념도 무너뜨릴 수 있다.
우리는 계속 무질서의 세계를 창조해 갈 것이다.

질서를 무너뜨리다

시간의 세계로 여정을 시작한다. 익숙하지는 않지만, 시간의 세 가지 본질에서 이제 시간 또한 존재로 사유하기 시작한다. 시간에 대한 사유가 우리를 새로운 무질서의 세계로 안내할 것을 기대한다. 그리고 그 무질서가 실존적 존재 [나]를 향한 길을 열어줄 것도 물론 기대한다.

사람들은 이제 그로부터 존재에 대하여 듣고 얻을 수 있는 시간이 얼마 남아 있지 않았다는 것을 알고 있다. 그러나 가을 오후 산속의 붉고 노란 색 단풍, 차가운 공기, 소나무 향기, 산바람 소리, 가슴 뛰게 하는 사람의 아름다운 모습은 집중할 수 없도록 마음을 흔들고 있다.

'시간사유철학'은 우리의 육체적, 물리적 한계를 초월하게 하는 어릴 때 상상하던 마법과 같은 힘을 갖도록 해줄 것인가?

그리고 그는 시간의 본질과 존재 [나]에 대하여 이렇게 말했다.

질서를 무너뜨리다

◈ 시간을 초월한 존재 [나]와 시간 속 [나]의 대립이 존재 탐구자에게 마지막 과제를 부여한다.

◈ 향나무로 여우를 조각하면 여우라 하고 사자를 조각하면 사자라 한다. 그러나 오랜 시간 후에는 그 구분이 없어진다. 우리의 존재 [나]와 존재 [너]도 동일하다. 시간은 우리를 동일화한다.

◈ 시간과 존재를 다른 좌표축에서 같은 좌표축으로 전환하면 시간과 존재가 서로 다툴 것이다. 그러나 결국 평면화한다.

◈ 우리 삶에 시간이 들어오면 철학이 추구하는 가치가 흔들린다. 도덕, 정의, 선악이 시간의 철퇴에 살아남을 수 있을까? 물론, 그뿐만 아니다. 지금 삶이 고통스럽다면 매우 유익한 지식이다.

질서를 무너뜨리다

41. 시간 유한성으로부터의 탈출

시간에 대하여 오랫동안 침묵하면서 생각하고 있을 때 시를 공부하는 자가 '작은 언덕을 그린 시'를 들려주었고, 그 속에서 가을 오후가 시화(詩化)되면서 '시간'이 멈추었다.

"파란 하늘 그 얼굴 화장해 주고 | 서늘바람 그 머리 단장합니다. | 청록 솔이 그 숨결 향기롭게 해 | 그 향기 나에게도 다가옵니다. | 푸른 햇살 그 얼굴 깨끗이 씻고 | 하얀 구름 그 얼굴 닦아 줍니다. | 노란 잔디 그 모습 따뜻하게 해 | 그 따뜻함 나에게도 전해옵니다."

시인은 존재의 '시간 유한성'에 관해 물었다. 유한한 인간이 시간을 정복하는 것은 불가능한 것이 아니냐는 생각일 것이다. 붉게빛남은 시간에 대하여 이렇게 말했다.

질서를 무너뜨리다

☞ 시간이 변화하여
대상(對象)이 변화하는 것인지
대상이 변화하여
그에 따라 시간이 변하는 것인지에 대한 차이에 따라
삶의 방식과 의미가 격변한다.

☞ 시간이 변화함에 따라
대상이 변화하는 것으로
생각하면 삶의 근원은 시간이다.
[시간 근원 사유]
시간에 따라
자신의 삶이 변화하지 않을 수 없는 것으로 사유함으로써
시간은 존재를 무력화한다.

☞ 반대로 대상의 _{존재} 변화에 따라
시간이 변화하는 것으로
생각하는 자에게 삶의 근원은 존재이다.
[존재 근원 사유]
그에게 시간의 의미는 없으며
대상 _{또는 존재} 변화만이
삶을 변화시킬 수 있다고 생각한다.

 질서를 무너뜨리다

그에게 시간은
종속적 의미밖에 없다.

 그러나 그의 종속적 시간은
어느 일정 기간만 유효하다.
죽음이 그를 기다리기 때문이다.
인간이 가지는 시간 유한성으로
죽음이 다가옴에 존재 중심, 시간 종속성은 무너진다.

우리는 어떻게
죽음이 만드는 존재의 시간 유한성으로부터
탈출의 문을 발견할 수 있는가?
이것이 시간 탐구를 위한 첫 번째 질문이다.
광대하고 즐거운 숨겨진 비밀의 시간 발견을 향해 떠나라.
변화로 가득하고 자유롭고 창조적이며
무질서한 삶을 위하여.

질서를 무너뜨리다

우리는 [시간 근원 사유]를 하고 있는가, [존재 근원 사유]
를 하고 있는가? 이를 바탕으로 시간 유한성에서의 탈출에 대해

질서를 무너뜨리다

사유해야 한다. '존재가 시간을 초월하고 정복할 수 있는지에 대하여' 타인은 누구도 그것에 답할 수 없다.

　　그리고 그는 존재의 시간 유한성과 존재 [나]에 대하여 이렇게 말했다.

질서를 무너뜨리다

- 존재 [나]를 발견하는 것은 '나'로부터 벗어나는 것이다. 그렇다고 시간으로부터도 벗어난 것은 아니다. 우리는 보통 짧은 동안만 시간을 느끼지 않을 수 있다. 서늘한 바람을 맞으며.

- 투명한 거인이 우리를 떠밀고 사람은 그에게 저항하지 못한다. 그러나 우리가 투명해지면 그도 찾지 못할 것이다. 투명해지려면 나를 가라앉히거나 나를 무심한 대상화(對象化)해야 한다.

- 죽음이 모든 것을 무너뜨릴 것이다. 그러나 시간이 존재 [나]를 부활시킨다. 왜냐하면, 존재는 사라져도 시간은 [나]의 모든 체취를 담고 있기 때문이다.

- 즐겁고 풍요로울 때 나는 존재 [나]를 생각하지 못한다. 필요 없기 때문이다. 그런데 어려울 때도 [나]를 생각하지 못한다. 이 또한 필요 없기 때문이다. 그러나 걱정은 없다. [나]는 나를 떠난 적이 없다.

 질서를 무너뜨리다

42. 시간의 1차, 2차 독립 – 시간의 인식론적 사유

철학을 공부하는 자가 시인의 질문에 이어 다시 물었다. 존재의 시간 유한성에서 탈출하는 방법에 대하여. 누구도 가르쳐줄 수 없는 것이라지만 그는 작은 단서라도 알려주기를 원했다. 붉게빛남은 사람들에게 이렇게 말했다.

⌈ 인식론적 사유를 통한 시간 분석을 시도해 보면
시간은 대상(對象, 物)에서 독립적으로 존재 가능이므로
시간은 대상의 변화와 무관하게 존재 가능하다.
이것을 대상으로부터 [시간의 1차 독립]으로 정의한다.

⌈ 시간은
존재와 달리 변화와 무관하기 때문에
정지된 것처럼 사유 될 수 있다.
따라서 시간은 동일성을 획득한다.
이 동일성은
시간을 경과의 개념으로부터
공간의 개념으로 전이시킨다.

⌈ 시간은 이제 대상과 무관하게
정지된 무한 공간을 구성한다.

질서를 무너뜨리다

이때, 우리는 변화를 이 무한 공간 속에서
대상이 이동하는 것으로 사유할 수 있다.
이렇게 시간은 직선적 경과 개념이 아닌
공간 개념으로 전환한다.

그런데 변화는
사유 공간에서 대상의 재구성을 의미하므로
우리는 시간이라는 무한 공간과
자신의 사유 공간의 일치를 인식할 수 있다.
이처럼 시간 무한 공간은 사유화(思惟化) 가능하다.

자신의 사유 공간이 확대되면
시간 무한 공간 또한 새롭게 인식된다.
이 같은 작용으로 대상의 변화가 사유 되면
이 변화를 수용할 수 있는
시간 무한 공간 또한 새롭게 변환한다.

즉, 대상과 시간을 서로 독립시킴으로써
시간의 본질에 대한 인식에 접근할 수 있다.
우리는 이제 시간을 우리 의지대로 변화시킬 수 있는
사유 대상으로 창조한다.

 질서를 무너뜨리다

☞ 시간의 무한 공간을
대상과 독립적으로 사유함으로써
대상과 시간의 독립이 가능하다.

☞ 어떤 철학자도
대상과 시간을 독립시키려는 시도를 하지 않았다.
즉, 그는 촛불 속 초가 타는 것(대상의 변화)과
시간이 흘러가는 것을
서로 분리해서 생각하지 않는다.

☞ 우리 사유 공간에서
시간 무한 공간을 다시 독립시킴으로써
사유 공간과 시간의
독립적 사유를 완성할 수 있다.
시간은 사유 공간과 무관하게 존재 가능하다.
이것을 대상으로부터 [시간의 2차 독립]으로 정의한다.

☞ 시간을 대상으로부터 1차 독립시키고
시간을 사유 공간으로부터 2차 독립시킨다.
시간이 대상의 변화에 의해서도
사유 공간의 변화에 의해서도

무질서의 삶을 위하여

질서를 무너뜨리다

변화하지 않을 수 있다는 것을
드디어 인식할 수 있다.

☞ 이로부터
자신의 존재를 변화시킬 수 있는 것은
시간도 아니고
사유(思惟)도 아님을 인식할 수 있다.

☞ 시간 유한성으로부터 벗어나, 그것과 무관하게
자신의 존재를 변화시킬 수 있는 것은
시간이 아닌
[나], 자기 실존적 존재뿐이다.

　　　존재와 시간의 독립, 그런데 이것은 지금까지의 우리 시간 질서에 위배되지 않는가? 지금까지 우리 질서가 '참'이 아니었던가? 질서가 무너지는가? 시간사유철학이 실질적으로 우리에게 유익한 무엇을 부여하는지는 알 수 없다. 예를 들면 우리의 마음을 안정시키는가? 극심한 정신적 고통에 이것은 어떻게 작용하는가? 그러나 우리가 시간을 소유한다면 이를 극복하게 하는 또 다른 즐거운 지식 속에서 투명한 밝음을 볼 것이다. 시간은 철학에 어떤 새로운 관점을 제시해 줄 것인가?

 질서를 무너뜨리다

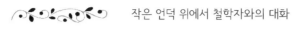

그리고 그는 존재의 시간 유한성으로부터 탈출과 존재 [나]에 대하여 이렇게 말했다.

 질서를 무너뜨리다

☞ 시간을 하나의 대상(對象)으로 보아 정원 속 재스민 나무를 보듯 대하면, 시간의 흐름과 존재 [나]를 조금은 분리할 수 있다. 그러나 그 시선을 놓으면 시간은 [나]를 엄습한다.

☞ 시간이 우리 사유 공간 내로 들어오면 공간의 굴곡이 발생한다. 존재 [나]는 고정되지 않고 무질서하게 움직인다. 그러므로 굴곡 속에서 [나]는 한순간 허물어진다.

☞ 사유 공간 내에서 시간의 독립을 완성하면 시간은 존재와 완전히 분리된다. 존재는 영원한 시간과 순간적 시간을 모두 선택할 수 있다. 물론 사유의 세계 속에서이다.

☞ 존재 [나]는 시간 속에서 존재하는 것이 아니라 시간과 함께 평행한 공간에서 존재한다. 그리고 [나]의 친구로서 시간은 나를 기억한다. 그 기억은 우주 속에서 영원히 존재할 것이다.

질서를 무너뜨리다

43. 시간의 무화(無化)와 존재의 불확실성(不確實性)

철학을 공부하는 자가 다시 물었다. 시간을 어떻게 존재로서 사유할 수 있는지에 대하여. 사람들의 관심이 시간으로 집중되고 있다. 무질서의 세계를 찾기 위해 시간이 가장 중요할 것이라는 생각을 하는 것 같다. 시간의 존재화에 관하여 붉게빛남은 이렇게 말했다.

☞ '우주 무한 공간의 총합은 변화가 없다'고 인식하면
우주 무한 공간 총합 상태는
시간에 독립적이며
우주 총합의 관점에서 시간은 정지, 무화(無化)한다.

☞ 시간을
존재론적 사유를 통하여 분석하면
우주 무한 공간, 무변화로 정지된 시간 속에서
만일 우주 무한 공간의 존재 총합에 변화가 일어난다면
우주는 그럴 가능성이 충분히 있다.
이때, 시간은 움직이기 변화하기 시작한다.

☞ 즉, 시간은
정지 상태로부터 또는 무(無)로부터 변화를 시작한다.

 질서를 무너뜨리다

변화는 존재의 본질이다.
이로써 시간은 비존재(非存在, 無)에서 존재(存在)로 전환한다.
이것을 [시간의 불확실성]으로 정의한다.

☞ 이처럼 시간의 존재화 원인이
존재의 존재 총합의 변화라면
시간의 무화(無化)가
우주와 같은 특별한 존재의 힘으로 성취할 수 있다.

☞ 그런데 우리의 통합 사유 공간은
존재를 포함한다.
그러므로 통합 사유 공간은
시간을 무화(無化) 또는 존재화할 가능성을 갖는다.

☞ 무한 우주 공간의 총합 불변성을 기준으로 한
시간의 무화(무변화의 시간)와 자기 사유 공간을 일치시키면
무화(무변화)의 시간은 사유 공간의 혼란을 야기한다.
시간은 멈추었음에도 불구하고
우리 사유 공간 속의 존재가 변화하는
[존재의 불확실성]이 발생하기 때문이다.

질서를 무너뜨리다

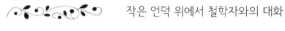

☞ 이처럼 우리 사유 공간에서
모든 외부 자극으로부터
존재를 고정하고 시간을 인식하면
[시간의 불확실성]이 시간의 존재화 및 무화(無化)의 겹침이 사유 되며
시간을 고정하고 존재를 인식하면
[존재의 불확실성]이 사유 된다.

☞ 시간은 그 변화와 무변화의 속성을 통해
[시간의 불확실성]과 [존재의 불확실성]을
현시(顯示)한다.

☞ [시간의 불확실성]과 [존재의 불확실성]
오랫동안 가장 확실했던
시간과 존재의 본질이 흔들린다.

228

☞ 이제 무질서의 세계가 준비되고 있다.
우리 모두
질서의 세계 속에서 잃어버렸던 [나]를
무질서의 세계 속에서 다시 찾아보라.

 질서를 무너뜨리다

　　존재 [나]는 질서의 세계 속에서 찾을 수 없다. 세계와 삶의 질서에서 기인하는 부조리에 대하여 우리는 이미 잘 알고 있다. 그렇지 무질서의 세계가 실존적 존재 [나]를 찾게 해 줄 것이라 것도 쉽게 이해되지 않는다. 질서의 세계에서도 찾지 못한 존재 [나]를 무질서의 세계에서 어떻게 찾을 것인가?

　　그리고 그는 시간의 존재화와 존재 [나]에 대하여 이렇게 말했다.

질서를 무너뜨리다

🖋 모든 것은 '나'때문에 일어난다. 작은 행동, 생각조차 모두 '나
를 위해'이다. 타인에 대한 고려는 대부분 위장일 뿐이다. 세
상 사람들 대부분 그렇다. 이것이 시간이 비정한 이유이다.

🖋 아픔은 대상(對象)에 작용하는 것이다. 시간에 작용하지는
않는다. 마찬가지로 [나]에게도 작용하지 않는다. '나'때문에
존재 [나]는 두려워하지 않는다.

🖋 존재를 무화(無化)하면 시간이 정지한다. 이 지식은 죽음을
앞둔 우리 모두에게 유익하다.

🖋 시간이 없는 세계 속에서 존재 [나]는 블랙홀과 같이 모든 대
상(對象)을 흡수한다. [나]와 비교하면 그 누구일지라도 그가
소유하고 있는 것은 별것 아니다.

질서를 무너뜨리다

44. 변화 공간의 피안(彼岸)

오랫동안 숙고하던 심리학을 공부하는 노학자가 물었다. 우리가 일반 변화 공간 외에 다른 공간을 가질 수 있는지에 대하여. 반대로 변화하지 않는 공간에서 대상(對象)이 존재할 수 있는지에 대하여. 붉게빛남은 이렇게 말했다.

☞ 시간에 대한 인식을 계속하면
숨어 있던 무질서의 법칙을 발견하게 된다.
[시간의 불확실성]과 [존재의 불확실성],
이 같은 보이지 않는 무질서를 인식함으로써
일반 변화의 공간에서
사유 의지에 의해
무변화 공간에 도달할 수 있다.

☞ 완전한 무질서는
질서 상태의 변화를 추방하고
완전한 무질서는
질서도 무질서의 일부로 만들어 버린다.

☞ 이렇게 우리는 일반 변화 공간으로부터
무질서에 의한 무변화 공간을 창조한다.

 질서를 무너뜨리다

☞　무변화 공간에 들어서면
시간의 존재는 없다.
무변화의 공간에서 변화 공간으로의 순간적 이동으로
무한 시간이 인식 가능하다.
시간의 불연속성에 의해
무변화의 공간에서의 순간적 시간 동안
변화의 공간에서의 영원한 시간을
인식할 수 있기 때문이다.

☞　즉 무변화 공간의 찰나적 순간에
변화 공간의 모든 것을 인식할 수 있는
시간 변형 가능성을 갖게 된다.
이것을 [무변화 공간 시간 법칙]으로 정의한다.
이처럼, 무변화 사유 공간은
변화 공간의 피안(彼岸)에 있다.

☞　우리는
시간을 사유함으로써
무질서한 존재 본질 발견을 시도한다.
이 또한 잃어버린 [나]를 찾기 위한 시도이다.

질서를 무너뜨리다

무변화 공간의 존재 가능성에 대하여 부정도 긍정도 어렵다. 무변화의 영원불변의 특성을 가진다. 존재 [나]를 찾아 여기까지 왔고 그 단서가 보이기 시작한다. 무변화와 무질서는 서로 연결되어 있음을 직관한다.

그리고 그는 변화 공간의 피안(彼岸)과 존재 [나]에 대하여 이렇게 말했다.

질서를 무너뜨리다

🖋 변화는 질서를 기반으로 한다. '나'는 질서를 원하는데 존재 [나]는 무질서 속에 있다. 내가 질서의 변화를 원한다면 아직 [나]로부터 멀다고 생각하면 된다.

🖋 존재의 본질이 무질서라면 '나'와 '너'는 다른 것이 없다. 우리가 질서를 찾을 때만 '나'와 '너'가 구분된다,

🖋 내 존재가 무엇인지 정의(定義)되면 '나'의 행동과 사유가 제한된다. 이는 자유정신에 위배된다. 내가 어떤 사람인지 느껴지면 정의(定義)되면 존재 [나]는 깊이 숨어 버린다.

질서를 무너뜨리다

45. 시간사유철학 (時間思惟哲學)

심리학을 공부하는 자가 호기심을 가지고 다시 물었다.
시간이 우리 사유 공간으로 들어왔을 때 삶의 변화에 대하여. 과
연 사람이 그것을 수용할 수 있는지에 대하여. 붉게빛남은 시간
과 사유 공간에 대하여 이렇게 말했다.

☞ 우리는
시간의 본질을 깊이 사유함으로써
시간에 대해 좀 더 많은 것을 인식할 필요가 있다.
우리에게 또 다른 세계를 선물하기 때문이다.

☞ 우리는
막대한 양의 사유 증대에도 불구하고
시간에 대해 무력하며 시간에서 도피한다.
시간은 사람을 무력화하며
인간 최대의 사유 영역을 차지했어야 함에도
우리 사유로부터 추방당했다.

☞ 우리는
이제, 시간을 사유 공간과 통합하려 한다.
사유 공간의 모든 요소에 시간을 부여하고

 질서를 무너뜨리다

시간의 작용을 탐구하려 한다.
사유 공간 변화와 시간의 관계를 탐구하고
시간을 고려한 사유 공간의 무한성과 한계에 관한
사유를 시도할 것이다.

☞ '연속성'과 '경과성'으로 고정된 시간의 본질을 극복하고
새로운 시간의 본질을 발견해야 한다.
시간이 우리 사유 영역에 미치는 작용을 인식하고
시간과 사유의 공간적 상호작용을 탐구할 것이다.

☞ 시간 영역에 대한
사유의 미개척지는
젊은 자유로운 인식자의 최대 여행지가 되고
그 통합 작업은 곧 시작될 것이다.
이 새로운 사유 영역이
[시간사유철학(時間思惟哲學)]이다.

☞ [실존 철학]이 존재에 대한 인식을 발견하도록 한 것과 같이
[시간사유철학(時間思惟哲學)]은
시간의 본질과 삶에의 작용에 대한 탐구를 통해
시간의 실체를 발견하도록 도와줄 것이다.

 질서를 무너뜨리다

✎ 오래지 않아 [시간사유철학]은
사람들의 가장 중요한 사유 영역이 될 것이다.

시간이 우리 철학에서 제외된 이유는 인간의 사유 영역이
아니라고 생각했기 때문이다. 그러나 이제부터 드디어 그 새로
운 사유 영역이 개척될 것이다. 시간 사유는 무질서의 세계, 존재
[나] 그리고 궁극의 진리까지 서로 연결되어 우리를 그곳까지 안
내해 줄 것이다. 우리는 시간이 [나]를 발견하기 위한 비밀스러
운 또 하나의 열쇠임을 직관한다.

그리고 그는 시간이 삶에 미치는 영향과 존재 [나]에 대하
여 이렇게 말했다.

질서를 무너뜨리다

☞ 존재 [나]와 시간은 유사성이 있다. 어디에나 있지만 보이지 않고, 계속 변화하지만 결국 변화가 없다.

☞ 존재 [나]와 시간의 차이점은 [나]는 '나'의 죽음으로 예측되지 않으나, 시간은 '나'의 죽음과 무관하게 예측된다는 것이었다. 그러나 이것은 오해이다. 시간의 본질도 죽음과 함께 예측할 수 없다.

☞ 우리가 즐거운 것은 아직 시간이 있기 때문이다. 그렇다면 우리가 모아야 할 것은 시간임이 틀림없다. 시간을 저장하는 방법을 알고, 또 그렇게 하는 사람이 가장 지혜롭고 풍요로운 자이다.

무질서의 삶을 위하여

질서를 무너뜨리다

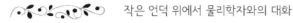
46. 시간과 존재의 역류 (逆流)

이때, 물리학을 공부하는 자가 물었다. 시간은 방향성이 있어 사람이 그것을 거스를 수 없는데, 어떻게 우리가 시간을 역류할 수 있는지에 대하여. 붉게 빛남은 쉽게 해결되지 않을 것 같은 그의 질문에 대하여 이렇게 말했다.

☞ 인간이
변화를 느끼는 것은
대상이 변할 때와 자신이 변화할 때이다.
그러므로 대상의 변화와 자신의 변화가 일치하게 되면
사람은 변화로부터 자유롭게 된다.
물리학적으로 시간이 속도와 무관하지 않은 것은
변화는 시간을 창조하며
속도는 변화에 영향을 주기 때문이다.

☞ 빛을 발산하는 대상, 물(物)의 모습은
빛의 속도로 우리에게 다가오기 때문에
만일 우리가 빛의 속도로 물(物)에서 멀어지면
물(物)은 고정되고 이로써 변화 즉 시간은 고정된다.

 질서를 무너뜨리다

✒ 만일 무한 공간 내에서 우리가
빛의 속도를 넘어 그 이상으로 움직일 수 있다면
현재의 위치에서 물(物)의 위치와 멀어지는
역방향으로 움직임에 따라
빛의 속도로 우리에게 다가오는 대상의 모습보다
더 과거의 모습을 쫓아갈 수 있다.
[과거 시간 역류]

✒ 현재의 위치에서 우리가
무한히 먼 거리에 있는
물(物)의 위치 쪽으로 움직인다면
우리가 움직이지 않았을 때
보게 될 미래의 모습보다
더욱 먼 미래의 모습을 먼저 볼 수 있다.
[미래 시간 역류]

✒ 이 논거는
현재 인간에게는 사유 세계에 한(限)한다.
현실적 물리 법칙이 적용되는 세계와의 불일치는
문제 삼을 필요 없다.
미래 물리 법칙이 무엇인지는 아직 아무도 모르기 때문이다.

질서를 무너뜨리다

☞ 미래의 계속적 추적을 위해서는
대상에 접근하였다가 대상에 도달하기 전에
빛의 속도와 동일하게 대상으로부터 멀어지고
다시 대상에 접근하는 반복 운동이 필요하다.
왜냐하면, 대상으로 접근 과정에서
본래의 대상, 물(物)의 위치를 지나쳐 버리면
[존재의 역류(逆流)]가 발생하기 때문이다.

☞ 즉 시간을 거스르는
존재의 새로운 탄생과
그에 따른 시간의 급격한 혼돈과 무질서가 발생한다.
이는 '물(物)의 태초 탄생 후 경과 방향과
다른 반대 방향으로의 존재 역류'이다.

☞ 이처럼
시간의 역류에 의해
다른 차원의 새로운 존재로의 창조적 역류가 진행될 수 있다.
즉, 태초 존재의 시간 경과 방향과
다른 방향으로의 새로운 존재가 재탄생한다.
시간과 존재에 대한 사유 속에서
존재는 혼돈 속에 빠진다.

 질서를 무너뜨리다

   🖋 우리는
과거와 미래를 거의 동시에 사유할 수 있다.
이로써 우리 사유 속도는 빛의 속도 이상이다.
현재와 과거는 실체성이 있지만
미래는 그 실체성이 없다.
이는 우리 세계 속, 물(物) 또는 대상(對象)을 향해
빛의 속도 이상으로 역방향 사유하면
이미 그 대상의 위치 차원을 지나치기 때문이다.
이것이 [미래 존재 불확실성]의 기원이다.

   🖋 같은 방식으로, 우리가 기억 범위 이상의 과거에 대해
실체성을 상실하는 것은
우리 사유가 다른 외부 자극에 의해
그 속도성을 잃거나 제한받기 때문이다.

   🖋 대상의 미래 실체성을 얻기 위해서는
존재의 역류가 일어나지 않도록
자신 또는 대상을 무한히 떨어진 위치로 이동시키거나
대상과 자신 사이의 공간 무한화가
전제되어야 한다.

무질서의 삶을 위하여

질서를 무너뜨리다

이로써
사유를 통한 대상(對象)의 미래 실체화는
성취 가능하다.
물론 이는 현재 인간이 가진
물리학 법칙이 지배하는 실체 공간 세계에서는
아직 불가하다.

우리는 시간의 역류를 통해
존재의 재탄생을 사유한다.
그리고 이를 통해
시간 역류와 존재 역류에 따른
세계의 무질서화를 시도한다.

무질서의 세계에서
우리는 질서 세계의 억압에 기인한
잃어버린 자유를 복원할 수 있다.

혼돈과 무질서의 세계 속에서만
그 모습을 조금씩 드러내는
숨어 있는 존재 [나]를 찾아
사유하라.

질서를 무너뜨리다

시간의 역류, 존재의 역류, 무질서, 혼돈, 재탄생 그리고 존재 [나]. 우리는 이 문제의 답을 위해서 오랫동안의 사유 시간이 필요할 것이다. 이 역류를 체험할 수 있을 것인가? 시간으로부터 확실한 무엇, 실체, 대상, 존재는 아무것도 없는 것인가?

그리고 그는 시간, 존재의 역류와 존재 [나]에 대하여 이렇게 말했다.

무질서의 아름다움

 질서를 무너뜨리다

- 시간을 저장하는 방법은 시간에 대하여 생각해야 알 수 있다. 당연한 일이다. 나 같으면 10년의 시간을 저장해 두었다가 죽음의 순간에 쓰겠다.

- 변화가 시간을 창조한다면 변화하지 않으면 시간은 멈춘다. 잘 생각해 보면 서로 상대적 변화는 거의 없다. 모두 변하므로. 죽음조차도. 존재 [나]는 무시간의 영역이다.

- 모든 것이 무질서의 영역이다. 죽음도 그렇다. 시간이 무질서하면 존재의 역류에 의한 존재의 재탄생도 가능하다.

- 무질서 영역의 공간에서는 과거·현재·미래의 구분이 없다. 변화가 없기 때문이다. 존재 [나]는 무질서의 영역에 있다.

- 무질서의 특징은 규칙성 즉 실체가 없다는 것이다. 백 년간의 규칙성도 무한 시간 속에서는 무질서에 포함된다.

- 존재의 무질서와 혼돈이 '나'를 무너뜨린다. '나'를 알 수 없는 이유이다. '나'를 찾는 것은 존재 [나]를 찾는 것보다 더 어렵다. '나'는 원래 없기 때문이다.

 질서를 무너뜨리다

47. 인식공간(認識空間)과 그 특성

철학을 공부하는 자가 물었다. 우리가 알고 있는 모든 세계를 혼돈으로 빠뜨리는 무질서 세계 속에서의 우리 존재 의미에 관하여. 그는 무질서 세계 속, 존재의 가치에 대하여 의심하고 있다. 붉게빛남은 이렇게 말했다.

✎ 도형에서 점과 선 그리고 면은
인간 사유 속의 가상 상태일 뿐이며
실체는 모두
가상 일반 공간 [제 1 공간]을 갖고 있다.

✎ 하지만 공간을
존재 개념으로 인식하면
이 공간에서 두 지점을 연결하는
최단 거리로 인식되어온 직선은
사실 무한히 많은 장애와 외부 힘의 영향으로
극미소(極 微小) 진동한다.

✎ 그러므로 실체적 직선은
가상의 직선거리보다 무한히 긴 거리로 예상되는
직선 주위를 극미소 진동하면서 이동한다.

질서를 무너뜨리다

☞ 만일 우리가 극미소 진동 이동이 없는
완전 직선 이동이 가능한 [제 2 공간]인
'무진동(無振動) 공간'을 발견한다면
지금과 다른 변화 시공간을 이끌 수 있다.

☞ '실체 공간' 제 1 공간 개념의 증거로서
빛의 성질을 보면
이동하는 모든 빛은 일정한 파장을 지니며
이에 따라 극미소 진동하면서 이동한다.

☞ 이는 빛 자체의 근원 성질로서 물리학자는 생각하고 있지만
사실, 무한한 외부 힘의 영향에 의한
공간 실체성과 연관된다.

☞ 만일 이 빛이
일반 실체 공간 [제 1 공간]이 아닌
무진동 완전 공간 [제 2 공간]을 통과하여
진동 없이 이동한다면
현재 물리학에서 계산하는
이동 시간보다 무한히 짧아질 수 있다.

질서를 무너뜨리다

☞ 또 다른 인식론적 추론은
공간적 이동 시
일정 지점까지 가는 데 걸리는 시간은
반드시 일정 시간이 소요되지만
사유의 세계 속에서는
무한히 짧은 시간 동안, 무한히 먼 지점에 도달할 수 있다.

☞ 그런데 인간 사유 이동 또한
반드시 일정 공간을 이동하는 것이므로
인간 사유 이동을 수행하는 공간 또한
필연적으로 존재한다.
그러므로 사유 공간을 [제 3의 공간]으로 정의하며
이를 '인식(認識) 공간'으로 명명(命名)한다.

그는 '인식 공간'의 특성에 대하여 이렇게 말했다.

☞ 인식 공간에서 우리는 우주의 선단까지
무한히 짧은 시간 안에 이동할 수 있다.
이것이 인식 공간의 제 1 특성 [속도의 부재성(不在性)]이다.
이는 시간의 부재와 동일 개념이므로
인식 공간은 시간이 존재하지 않는 공간을 의미한다.

질서를 무너뜨리다

☞ 인식 공간의 제 2 특성은 [완전 직선 이동성]이다.
즉 사유의 특성상,
외부의 작용이 없는 공간 또는
외부 작용 힘의 합이 제로 상태로
공간 이동이 가능하다.

☞ 인식 공간의 제 3 특성은
인식 공간 내 [복수(複數) 동시 이동성]이다.
사유자(思惟者)는 동시에 두 공간 이상으로 이동할 수 있으며
이로부터 공간의 동시성과
일반 물리학적 공간에서 불가능한
존재의 복수성(複數性)이 성립한다.

☞ 따라서 '하나의 존재가
여러 독립된 공간으로 이동 및 존재 가능하며
이때 독립된 공간 내의 복수 존재는
최초의 존재와 동일하다.'라는 명제가 성립한다.
우리는 인식 공간에서 공간 질서를 무너뜨릴 수 있고
존재 질서도 전복할 수 있다.
제 3의 공간, 무질서의 공간에서.
무질서의 세계에서.

질서를 무너뜨리다

질서를 무너뜨리다

☞ 무질서 공간에서 하나의 존재는
다수(多數)의 실체로 존재 가능하다.
어느 것이 진정한 나인가?
우주 선단에 가 있는 내가 나인가?
그와 동시에 문득 사랑하는 누군가가 떠올라
그를 만나고 있는 내가 나인가?
무질서 공간에는 잃어버린 존재 [나]가 있는가?

☞ [무질서 공간 속에서 존재의 가치 없음],
역(逆)으로 바로 그것이 무질서 속에서
존재를 사유하고, 존재를 탐구해야 하는 이유이다.

　　　우리는 왜 무질서의 공간 속에서 존재를 찾아야 하는 것
일까? 질서의 공간 속 존재와 무질서 공간 속 존재의 차이는 무
엇인가? 결국은 같은 존재인가? 끊임없이 우리에게 의문을 일으
킨다. 우리는 존재에 대한 깊은 의문 없이 대상을 인식해 왔다.
의문을 가질 이유가 없었기 때문이다. 존재에 대한 의문이 평온
하고 자유로운 세계로 우리를 안내할 것인가? 그리고 우리는 마
침내 그곳에 도달할 것인가? 아니면 결국 실망스럽지만, 허영으로
그것을 바라지만 존재 [나]는 없으며 우리가 살던 세계에서 느꼈던

무질서의 삶을 위하여

질서를 무너뜨리다

대로 '나'로서 삶을 마치는 것인가? 그래도 분명한 것은 '평등적 자유'로 향하는 세상을 위해 지금 우리 삶의 제한된 억압 공간에서는 크게 할 것이 없다는 것이다.

　그리고 그는 무질서 세계 속, 존재 [나]에 대하여 이렇게 말했다.

질서를 무너뜨리다

🌿 대상은 공간 속에 존재한다. 우리가 보는 공간과 작은 곤충이 보는 공간 중 어느 것이 실제 공간인지는 알 수 없다. 우리가 아는 일반 공간 물리 법칙이 인간 중심일 뿐이다.

🌿 공간은 변화한다. 대상은 그 속에 존재한다. 그러므로 대상이 변화한다. 시간과 무관하게, 정지된 시간 속에서도 대상은 변화할 수 있다. 한순간에 대상이 우리 사유에 의해 완전히 변화한다. 첫사랑의 순간과도 같이.

🌿 인식 공간과 실체 공간의 진위(眞僞)는 중요하지 않다. 중요한 것은 둘 다 사실이라는 것이다. 옳고 그름의 판단은 신(神)의 영역이지 인간의 영역이 아니다.

🌿 실체는 동시에 두 공간에 위치할 수 없지만, 사유 속 존재는 가능하다. 우리는 천 가지 모습으로 나타날 수 있다. 사유 속 모습이 허무하다고 느낄지 모르지만, 실체가 이룩한 모습도 그에 못지않게 허무하다.

🌿 그 많은 대타(對他) 존재적 다수의 '나'가 모두 소중하다. 그중 존재 [나]도 있을지 모른다. 이제 우리 연극은 그만두자. 그것에 마음 쓸 것 없다.

🌿 거의 예외 없이 우리가 그렇게 이루고자 열망했던 것이 [고작 이것인가] 라고 느끼는 것을 수없이 보아 왔다. 사람의 기억력이 좋지 않은 것은 틀림없다.

무질서의 삶을 위하여

 질서를 무너뜨리다

48. 존재와 인식 공간

파란 하늘이 보이는 작은 언덕을 출발했다. 그 언덕을 [시간의 언덕]으로 이름 지었다. 다음번 왔을 때 기억하기 좋을 것이다. 이제 조금만 더 내려가면 올라갈 때 들렀던 산과 잘 동화되어 있는 오래된 작은 절에 도착할 것이다. 작은 돌풍을 만나 잠시 쉬면서 바람을 피하기도했지만, 오후 따뜻한 시간에 작은 절에 도착했다. 올라갈 때 느낌과는 완전히 다른 절은 마치 우리가 무엇인가 변한 것 같은 기분이 든다. 법과 정의를 공부하는 자가 물었다. 우리가 사유(思惟)하는 무질서에 관한 것이 지금 우리 세계에 적용될 수 있는 보편타당한 사유(思惟)인지에 대하여. 붉게빛남은 이렇게 답했다.

☞ 인식 공간의 창조자인 사유 존재가
일반 실체 공간에서 부자유성 갖는 원인은
인식과 존재의 분리에 의한
실체 공간 [제 1 공간]과
인식 공간 [제 3 공간]의 분리에 기인한다.

☞ 이 한계를 극복하는 방법은
실체 공간과 인식 공간을 통합하는 것이고
이는 유일한 방법이다.

 질서를 무너뜨리다

그러나 실체 공간과 인식 공간의 합치는
우리 사유 능력 범위를 넘어서는 것으로
이는 신(神)의 영역일지 모른다.

☞ 우리 사유 범위를 넘어서면 그것은 실제로 불가능한 것인가?
그러나 인간의 사유 범위를 넘는
[인식 방정식]에서 그 가능성을 생각할 수 있다.

☞ [인식 방정식]은
미지수의 2 승수(乘數)가
음의 실수를 해(解)로 가질 때의 연산식으로 구성된다.
각 연산의 해(解)를 임의의 수로 가정할 때
이 가정된 해(解)가 가지는 연산 법칙을 유도할 수 있다.

☞ 우리는
이 방정식으로부터
각 연산의 해가
하나의 가감승제(加減乘除) 연산임에도 불구하고
두 개의 해(解)를 가지며
두 해(解)의 합과 차가
동일함을 유추할 수 있다.

질서를 무너뜨리다

🖋 이 같은 결과는
우리 사유, 인식 범위를 벗어남에도 불구하고
그 연산 가능성이 있다는 것을 암시한다.

🖋 이처럼, 사유 범위를 벗어난다 하더라도
반드시 그 가능성마저 배제할 수는 없다.
즉 존재 가능성은 반드시 인식에 의존하지 않는다.
이를 [존재의 인식 경계와 무경계의 대립]으로 정의한다.

🖋 우리가 사유하고 있는 것이
일반 세계에서 적용될 수 있는
보편타당한 사유(思惟)가 아니어도
그것이 진리가 아니라고 판단해서는 안 된다.
즉 인간의 보편타당성과 진리를 연결해서는 안 된다.

우리가 보편적으로 옳다고 생각하는 것과 실제 옳은 것
과는 차이가 존재한다. 이것은 누구나 쉽게 500년 전 우주관을 생각
하면 유추할 수 있을 것이다. 삶과 분리된 철학은 진정한 철학이
아니다. 그렇다면 실제 삶의 부조리함을 포함하는 진리는 단순
한 논리적 보편타당과는 관계가 없음도 유추할 수 있다.

질서를 무너뜨리다

그리고 그는 보편타당한 것을 무너뜨리는 무질서의 세계
와 존재 [나]에 대하여 이렇게 말했다.

무질서의 삶을 위하여

질서를 무너뜨리다

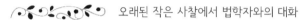

☞ 존재 [나]는 보편타당하지 않을 수 있다. 보통 보편타당한 것은 많은 사람이 듣고 이해할 만한 것이다. 그런데 세상의 창조부터 우리 작은 일상까지 사실은 보편타당하지 않은 것들이 삶을 지배한다.

☞ 수학에서 보편타당성을 찾을 수 있는 것은 인간 이성의 자랑이다. 누가 재현해도 같은 결과가 나오니 진리와 같이 느껴진다. 그러나 실제 삶의 세계는 사정이 다르다. 그렇다고 수학이 쓸모없는 것은 아니다. 우리 사유도 그렇다.

☞ 보편타당이 진리와 멀어져 있음은 이미 정해져 있다. 다수에게 인정받기 위해서는 매우 제한적일 수밖에 없기 때문이다. '선이 악보다 중요하다'는 명제조차 매우 제한적이다.

☞ 우리는 옳고 그름과 무관한 진리의 세계를 찾는다. 이는 잘만 하면 분별(分別)로 나누어진 세계를 다시 봉합(封合)하는 일이 될 것이다.

 질서를 무너뜨리다

49. 인식방정식

　　수학을 공부하는 자가 물었다. 각 연산의 해가 하나의 가감승제(加減乘除) 연산임에도 두 개의 해를 가지며, 두 결정자(解)의 합과 차가 동일할 가능성을 가질 수 있는 연산이 무엇인지에 대하여. 붉게빛남은 간단한 인식방정식의 예를 아래와 같이 들면서 이렇게 설명했다.

☞ 인식방정식(認識方程式)의 해(解)와 연산(演算)을 이렇게 사유한다.

$$X^{2n} = -a \text{ (n: 자연수, a: 양의 실수)}$$

n=1일 때, $x^2 = -a$ (1차 허수), 이를 만족하는 해를 i라하고

n=2일 때, $x^4 = -a$ (2차 허수), 이를 만족하는 해를 j라 할 때

$$(i^2 = -a, \ j^4 = -a)$$

(1) 연산, 승(乘) : i X j

$$i^2 j^4 = a^2 \ \rightarrow \ (ij)^2 j^2 = a^2 \ \rightarrow \ (ij)^2 = a^2/j^2 \ \rightarrow \ (ij)^2 = (a/j)^2$$

$$\therefore \ ij = \pm a/j$$

1차 허수 해와 2차 허수 해의 곱은

허수 해의 제곱 값(a)을 2차 허수의 해로 나눈

음양 값과 같다.

질서를 무너뜨리다

(2) 연산, 제(除) : i ÷ j

$$i^2/j^4=1 \;\rightarrow\; (i/j)^2\;(1/j)^2=1 \;\rightarrow\; (i/j)^2=j^2$$

$$\therefore i/j = \pm j$$

1차 허수 해를 2차 허수 해로 나눈 값은
2차 허수 해의 음양 값과 같다.

(3) 연산, 가(加) : i + j

$$(i+j)(ij) =i^2j + ij^2 = -aj + ijxj = -aj \pm a = -a\,(j\pm 1),$$

$$(\because ij=\pm a/j)$$

$$\therefore i+j = -a(j\pm 1)/(ij) = \pm j(j\pm 1)\;(\because ij=\pm a/j)$$

: 1차 허수 해와 2차 허수 해의 합은
2차 허수의 해의 음양 값으로 표현된다.

(4) 연산, 감(加) : i − j

$$(i-j)(ij)=i^2j - ij^2 = -aj - ijxj = -aj \pm a = -a\,(j\pm 1),$$

$$(\because ij=\pm a/j)$$

$$\therefore i-j = -a(j\pm 1)/(ij) = \pm j(j\pm 1)\;(\because ij=\pm a/j)$$

: 1차 허수 해와 2차 허수 해의 차는
2차 허수 해의 음양 값으로 표현된다.

또한 1차 허수 해와 2차 허수 해를 더하거나 뺀 값은
서로 같은 값을 가진다.
(n차 허수 해에 의한 연산도 동일한 방식을 따른다.)

 질서를 무너뜨리다

☞ 이 가상의 인식 연산 사유를 통해
일반 수학적 논리의 무질서를 경험할 수 있다.
지금 우리가 가지고 있는 질서는
우리 생각 범위 내에서의 질서일 뿐이다.

☞ 질서를 넘어
무질서의 세계로 발을 들여놓으라.
무질서의 세계는
자유로움의 기분 좋은 미풍과 함께
평등의 정다움도 나누어 준다.

무질서 세계 속 존재와 질서 세계 속 존재의 차이에 대하여 조용히 생각한다. 그 차이는 평등이다. 우리는 자유를 추구한다. 자유는 최고의 가치이며 영원한 가치이다. 이제 우리는 잊지 말아야 할 또 하나의 새로운 가치를 _{평등} 추가한다. 무질서의 세계를 통해 평등을 향한 노력과 투쟁이 바로 존재 [나]를 찾는 길임을 암시한다.

그리고 그는 무질서적 평등 세계와 존재 [나]에 대하여 이렇게 말했다.

무질서의 삶 법을 위하여

 질서를 무너뜨리다

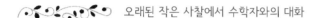

☞ 내가 옳다고 생각하는 것이 옳을 확률은 그렇지 않을 확률보다 훨씬 낮다. 나와 수많은 타자(他者)의 생각이 모두 다르기 때문이다.

☞ 옳고 그름에 마음 쓸 것 없다. 옳은 것이 한 세대를 넘어 지속하는 경우는 거의 없다. 만일 지속한다면 그것은 옳은 것이 아니라 악(惡)한 것일지도 모른다.

☞ 우리는 자유를 위하여 투쟁해 왔다. 그러나 자유가 우리를 비참하게 하기도 한다. 때때로 평등이 희생되기 때문이다.

질서를 무너뜨리다

50. 통일 인식 공간

오랫동안 자기 생각을 정리하던 미래를 연구하는 자가 물었다. 그렇다면 우리에게 존재 [나]를 현시(顯示)해 주는 무질서하고 완전한 사유 공간이란 과연 존재하는지에 대하여. 존재한다면 그것이 무엇인지에 대하여. 붉게빛남은 작은 절 돌계단을 보며 이렇게 말했다.

☞ 세계 일반 물리 법칙에 위배되지만
사유 창조한 인식 방정식 연산 법칙에서
각 연산의 일반 해법을 다르게 법칙화할 수 있다.

☞ 인식자는
무질서의 새로운 인식 공간을 만들어 가는 자이다.
인식자는
세계 일반 법칙과 다른
새로운 법칙의 존재 가능성을
끊임없이 사유하는 자이다.

☞ 실제 우주와 삶의 질서는
사람이 역사상 만들어놓은 자랑스러운 법칙에
절대 준(準)하지 않는다.

무질서의 삶을 위하여

 질서를 무너뜨리다

☞ 두 실체의 합과 차가
그 의미를 잃는 법칙의 세계를 탐구하기도 하고
무질서적 법칙을 우리 삶의 영역을 적용함으로써
우리가 무질서의 세계로 다가설 수 있도록 안내하기도 한다.

☞ 인간이 발견한
모든 수학적, 물리적 법칙은
그 법칙이 작용하는 특별한 공간을 가진다.
그 공간이 변화되면 모든 법칙은 파괴된다.

☞ 모든 공간 법칙이 성립하는
통일인식공간(統一認識空間)과 통일 법칙은
인식자의 사유 속에만 존재 가능하다.

☞ 따라서 우리는 모두
사유 속에서 통일 공간과 그 법칙이 지배하는
통일인식공간을
발견할 가능성을 갖고 있으며
이로써 우리 인식자는
인식 공간 속 진리에 대해
드디어 완전한 법칙을 갖게 된다.

질서를 무너뜨리다

질서를 무너뜨리다

☞ 무질서의 세계가 바로
우리 인간에 있어서
모두가 평등하고 동일할 수 있는 진정한 질서 공간이다.

　　모든 것이 존재 [나]를 발견하도록 안내한다. 우리 진정한 존재 속에서만 삶의 행위가 실질적 의미와 가치를 가질 것이다. 존재 [나]를 발견하기 위한 방법으로 무질서의 세계 속으로 우리를 안내하고 [나]를 현시해 주는 진정한 사유 공간으로 통일인식공간을 제안한다. 우리의 끝없는 사유, 이것이 바로 실존적 존재 [나]인가?

　　그리고 그는 통일인식공간과 존재 [나]에 대하여 이렇게 말했다.

질서를 무너뜨리다

☞ 그래도 나는 자유와 평등 중 하나를 택하라면 자유를 택하겠
다. 그리고 산속으로 들어갈 것이다. 사람들과 함께라면 완전
한 자유는 없다.

☞ 가장 어리석은 것 중 하나는 자신이 만든 법칙과 진리에 구속
되고 억압되는 것이다. 땅에 금을 그어 놓고 나는 여기를 넘
지 않겠다고 하는 것과 다르지 않다.

☞ 산은 산이고 물은 물이고 바람은 바람이고 비는 비이다. 공연
히 무언가 나만의 진리를 찾으려고 애쓸 것 없다. 원래부터
그런 것은 없다.

질서를 무너뜨리다

51. 사유의 범람과 새로운 질서

도덕을 공부하고 가르치고 있는 자가 물었다. 혼돈 속 무질서 세계 속으로 어떻게 도달할 수 있는지에 대하여. 붉게빛남은 무질서 세계로의 다다름에 대하여 이렇게 말했다.

☞ 사람은 자신의 독립적 인식으로
자기만의 질서를 만드는 것이 아니라
기존 질서와의 투쟁으로 자신을 조금씩 파멸시키며
결국 기존 질서 속으로 파묻혀 들어간다.

☞ 우리는 이 기존 질서의 흐름 속에서
역류하기 위해 노력하지만
자신의 질서를 인식하지 못한 채
자기 사유에 대한 회의감으로
기존 질서의 추종자로 전락해 버린다.

☞ 질서를 무너뜨리는 인식자는
기존 질서의 세계와 다투지 않고
그에게서 벗어나
자신만의 새로운 오솔길을 찾아야 한다.

무질서의 삶을 위하여

질서를 무너뜨리다

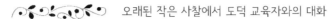

🖋 새로운 질서를 찾는 자는
기존 질서의 흐름에서 벗어날 수 있는
출구를 찾는 것이
자신을 파괴하지 않는 유일한 길이다.

🖋 이 길은 기존 질서와의 투쟁이 아니라
기존 질서로부터
독립적인 흐름을 창조하는 방식이다.
이 흐름에 자신을 맡기려면
힘겨운 창조의 시간을 보내야만 한다.

🖋 그 처음 흐름은
첫 빗물이 주변의 장애에 정체하듯이
오랫동안 정체하기도 하며
이를 극복하기 위해서는 절실한 노력이 요구된다.
그러나 주변 장애를 한 번 넘으면
분출하는 듯한 자신의 독립적인 질서 속에서
기존 질서의 큰 흐름마저 압도할 수 있다.

🖋 새로운 질서는 커다란 사유(思惟)를 요구한다.
마치 새로운 강의 흐름이 탄생하려면

 질서를 무너뜨리다

대홍수의 범람이 필요한 것과 같다.

☞ 새로운 질서는
우리 의지로부터 시작하여 인식으로
그리고 다시 존재로 순환한다.

☞ 자신만의 여유로운 오솔길을 가라.
세상의 고정된 질서가 아닌
자신만의 무질서의 길을 가라.
풍요함의 가치를 혼란 시키고
명예의 가치를 변화시키고
힘의 질서를 전복시키라.
평온하고, 자유로운 삶을 위하여.

우리는 어느 순간 사유의 범람을 겪을 수 있는가? 어제 시인이 겪은 인식 증대 경험이 바로 그것이다. 이는 자기 존재에 대하여 사유하기 시작하는 자라면 반드시 겪는 일반 경험이다. 이제 우리는 조금 더 다양하고 험난한 계곡을 지나고 있다. 존재가 살고 있는 계곡 속으로. 존재 [나]를 찾아서. 실존적 존재 [나]는 기존 질서를 벗어난 혼돈의 무질서 속에 숨어 있음이 틀림없다.

 질서를 무너뜨리다

  그리고 그는 무질서 세계의 혼돈 속 가치와 기존 질서 억
압의 극복에 대하여 이렇게 말했다.

질서를 무너뜨리다

✒ 사람이 발견한 그만의 보물 같은 진리를 찾는다면 도서관의 책을 탐구하면 된다. 그런데 책을 많이 읽으면 보물이 너무 많아 그것을 보관해 둘 곳이 마땅치 않다.

✒ 진리는 태양과 같이 무한히 주고 있어서 그것을 받아들일 수 있도록 준비하기만 하면 된다. 보통 자기 생각을 포기하는 만큼 담아진다. 찾는다고 애쓸 것 없다.

✒ 무질서 속 존재 [나는 혼돈 속에 있지만, 그 혼돈은 우주의 별과 닮았다. 어느 것도 명확하지 않지만, 그보다 확실한 것도 별로 없다. 그는 우주 법칙에 구속되지 않는다. 질서 법칙이 없기 때문이다.

질서를 무너뜨리다

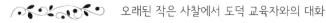

52. 새로운 질서로의 길

다시 도덕을 가르치는 자가 물었다. 그렇다면 우리는 기존 질서로부터 얼마의 노력과 시간 후에 새로운 무질서의 세계로 갈 수 있는지에 대하여. 붉게빛남은 이렇게 말했다.

☞ 무질서 세계 속으로
들어가는 길은
기존 질서에 대한 투쟁이 아니라
기존 질서로부터의 이탈이다.

☞ 이 같은 이탈을 위해서는
기존 질서에 대한
정확한 인식 능력을 갖고 있어야 한다.
질서란
대부분 사람이 이행하지 않으면 억압을 느끼는
일종의 도덕적 흐름이다.

☞ 질서에의 의지를 통해
삶의 방식이 정형화되어 간다.
우리는 오랫동안 고착된
동질화에의 의지를 극복하기 어려우며

 질서를 무너뜨리다

이로써 기존 질서에 동화되어
그 출구를 잃어버린다.

☞ 기존 질서에서 이탈은
자기 인식을 독립하려는
의지 작용을 통해서만 성취 가능하다.
즉 무질서 세계로의 이탈 열쇠는
인식 독립에 대한 투철하고 절실한 의지 작용이다.

☞ 그러나 이 같은 어려움은 충분한 가치가 있다.
기존 질서에서 이탈은
우리에게 드디어
'가치와 질서 창조자'로서의 역할에 대한
가능성과 힘을 부여하기 때문이다.

☞ 무질서 세계의 경계를 넘는 때가 언제인지는
아무도 알 수 없다.
그러나 잊지 않고 의지(意志)하면
시간이 되면 알려준다.
바람이 고요해도
때가 되면 꽃잎은 떨어지리니. 풍정화유락(風靜花猶落), 휴정(休靜)

질서를 무너뜨리다

무질서의 삶, 존재의 발견, 사유가 깊어지면 찾아온다고 하지만 그것이 우리가 죽음을 맞기 전인가? 우리는 모두 비슷한 생각일 것이다. 죽음 하루 전에 존재 [나]를 알게 되면 그것이 무슨 소용이 있겠는가? 존재 [나]를 우리는 왜 찾아야 하는가? 타자(他者)를 통하여 존재 [나]는 발견되는가? [나]를 찾는 것만으로 존재는 그 정체를 드러내는가? '타자'를 발견하고 그와 [나]의 관계 속에서 비로소 존재를 알 수 있는 것인가?

그리고 그는 무질서 세계로 가는 길과 존재 [나]에 대하여 이렇게 말했다.

질서를 무너뜨리다

✐ 우주의 유일한 법칙은 법칙이 없다는 것이다. 너무 광대해 물리적 법칙의 기본 전제가 계속 변화하기 때문이다. 자신의 삶이 정형화되면 존재 [나]는 '나'를 떠난다.

✐ 존재 [나]의 발견을 통하여 존재의 한계인 죽음에 대한 경계를 허문다. [나]는 시간과 무관하기 때문이다. 그러나 그 경계를 완전히 극복하려면 [나]의 발견 후에도 많은 시간이 걸릴 것이다.

✐ 평온한 죽음을 목표로 하는 것이 아니라 평온한 삶을 목적으로 한다. 존재 [나]를 찾으면서 잊지 말 일이다. 그리고 죽음도 아직은 삶이다.

 질서를 무너뜨리다

53. 억압으로부터의 자유

연극을 공부하고 있는 자가 물었다. 지금까지의 우리 삶을 부정하고 파괴해야 하는 이유에 대하여. 우리 삶의 무엇이 문제인지에 대하여. 붉게빛남은 파괴해야 할 것은 삶이 아니라 삶 속 '억압'임을 나타내며 이렇게 말했다.

☞ 기존 질서에서 이탈하기 위해서는
자신의 사유 공간에
누구도 생각하지 못한
그리고 누구도 상상할 수 없었던
자신만이 실체화할 수 있는
창조적 삶을 구체화해야 한다.

☞ 지금까지의 '나'와 다른 '나'의 창조와 구체화,
이 같은 재창조의 어려움이
기존 질서 이탈에 실패하는 이유이다.

☞ 기존 질서의 도덕적 억압과
다수 의지에 의한 억압을 파괴하고
존재의 자유로움을 획득하는 것,
이것은 누구도 부정할 수 없는 최고의 가치이다.

275

질서를 무너뜨리다

 질서를 무너뜨리다

☞ 잃어버린 평온하고 자유로운 [나]를 위해
우리는 이 '억압 속 자유'의 가치를
반드시 기억해야 한다.

☞ 삶은 억압이다.
인류 문명의 역사는 억압의 역사이다.
우리 사명은
이 인류 역사의 흐름에서 벗어나
'인간에 대한 억압'에 대항하는 억압 파괴자로서
그 역할을 수행하는 것이다.

☞ 모든 억압을 파괴할 수 있는
그리고 누구도 생각해보지 못한 새로운 가치의 도출과
행동을 통한 자신만의 '무질서적 질서' 창조를 시도해야 한다.

☞ 우리 미래는
그렇게 암울한 것만은 아니다.
무질서적 가치와
무질서를 빚는 창조자가 존재하는 한
그로부터의 서광이
우리를 인도할 것이기 때문이다.

 질서를 무너뜨리다

☞ 우리가 이 같은
창조의 힘을 갖기 위해서는
아마도 우리에게 허용된 삶 대부분의 시간을
사용해야 할지도 모른다.

☞ 우리에게는 고독과 열망이 필요하다.
누구도 생각하지 못한
누구도 상상할 수 없는
그리고 자신만이 실체화할 수 있는
창조의 힘을 가지려면.

☞ 인류 역사의 모든 철학은
인간 일반의 행복한 삶을 목표로 한다.
그리고 행복한 삶을 위한 최고 인식 상태를 제시해 왔다.

☞ 우리 목표도 다르지 않다. 다르다면 그것은
인식에서 행동으로
모방적 의지에서 창조적 의지로
질서에서 무질서의 세계로
우리 삶을 만들어 가는 것입니다.
잃어버린 [나]를 찾기 위해.

질서를 무너뜨리다

따뜻한 오후의 태양이 온기를 보내고 있다. 지금 이 태양을 느끼는 것보다 더 소중한 것이 있는가? 감각 기관 '안이비설신(眼耳鼻舌身)'을 통해 '색성향미촉(色聲香味觸)'으로 인지되는 모든 대상에 무심할 수 있다면 억압에서 벗어날 수 있는가? 그러나 그것은 죽음 이전에 불가능한 일 아닌가? 우리는 대상에서 벗어나 본 일이 있기는 한 것인가? 혹시 존재 [나]는 대상 속에 숨어 있는가? 그래서 [나]를 찾을 수 없는 것인가? 존재는 계속 암시를 보낸다.

그리고 그는 우리 삶 속 억압의 파괴와 존재 [나]에 대하여 이렇게 말했다.

질서를 무너뜨리다

🖋 억압에서 벗어나면 바로 존재 [나]는 '나'에게 찾아온다. 왜 억압받는지 어떻게 벗어나야 하는지 누구나 알고 있다. 모르는 척할 뿐. 그래서 누구나 [나]를 찾을 수 있다.

🖋 삶은 '억압을 만들어 내는 자와 그것을 파괴하는 자' 간 투쟁의 역사이다.

🖋 시원하고 향기로운 공기를 느낄 수 있는 차가운 '고독'과 태양이 자신을 불태우는 듯한 뜨거운 '열망'은 인간을 또 다른 존재로 탄생시킨다.

🖋 내가 대상(對象) 속에 있을지도 모른다는 오래된 의문은 대상이 타자(他者)의 눈 속에서 비치고 있는 모습을 본 또 다른 타자가 퍼뜨린 것이다.

질서를 무너뜨리다

54. 억압적 질서의 해체를 위한 시도

연극을 공부하고 있는 자가 다시 물었다. 무질서 세계의
성취를 위해 우리 삶 속에서 가장 먼저 해야 하는 것에 대하여.
붉게빛남은 이렇게 말했다.

🌿 세상이 계속 변화하듯이
사람의 질서 또한
변화의 영역에 존재한다.
기존 질서가 우리 인간 삶을 어지럽힌다면
르네상스와 같은 변화의 물결에 휩싸이듯이
사람은 변혁을 요구한다.

🌿 만일 변화가 일어나지 못하고 시간이 흐르면
인위적 변혁이 일어나고
그 결과
사회 총체적 파멸을 가속한다.

🌿 이 변화에 대한 원인은
우리 삶의 방식 변화에 기인한다.
치열한 다툼, 끊임없는 좌절, 비교의 고통, 관계의 약화,
이미 우리는 변화에 대한 욕구로 가득 차 있다.

무질서의 삶을 위하여

 질서를 무너뜨리다

☞　생명은 변화의 본질을 가지며
이로부터 우리 인간의 삶도 계속 변화한다.
그러므로 인간과 그 삶이 존재하는 한
항상 그에 적절한 질서를 위한 변화를 요구한다.

☞　그러나 이러한 변화가
자연적 변화를 겪지 못한다면
우리는 큰 희생을 치르게 된다.
이는 우리 인류 역사가 이미 증명하고 있다.

☞　우리는 이제
이 끊임없는 질서 변화에서 벗어나기를 원하며
'변화하지 않는 질서'를 찾는다.
그러므로 우리는 질서의 마지막 그리고 최고 단계로서
'무질서의 질서'를 인식해야 한다.
우리는 이를 통해
이상적 무변화의 세상을 꿈꾼다.

질서를 무너뜨리다

☞　'무질서의 질서'는
질서를 지키려는 흐름과 이에 반하는 흐름에 기인한
파괴로부터 우리 인간을 보호하고

 질서를 무너뜨리다

인류 역사를 이어온 파괴의 역사를 종식할 것이다.

☞ 국가의 대립, 민족의 대립, 종교의 대립,
철학·사상의 대립, 권력자와 민중의 대립,
재력가와 가난한 자의 대립,
기존 질서를 지키려는 자와 이에 반하는 자의 대립,
이 대립은 우리를 조금씩 파괴한다.

☞ 이미 우리 시대 대립은
사람을 파괴와 멸망으로 유도할 만한
충분한 힘을 갖고 있다.
이로부터 우리를 지키기 위해
우리는 우선 무엇을 해야 할 것인가?

☞ 우리가
서로 다르지 않음을 무질서는 알려준다.
'무질서의 질서'를 위한 노력과 투쟁,
이것이
우리 시대 가장 먼저 해야 할 일이다.

☞ 집단 질서가 아닌 개인 질서에 의해

무질서의 삶을 위하여

 질서를 무너뜨리다

자유로운 우리 세상을 만들어야 하고
자신의 작은 개별적 질서로
세상을 재편해야 한다.

우리는 이제
큰 질서를 만들지 말아야 하고
우리를 억압하는 커다란 흐름이 있어서는 안 된다.
이 억압적 흐름을
우리 인식자(認識者)는 우선 해체해야 한다.
'질서의 해체'
이것이 우리가 우선 해야 할 일이다.

우리는
'무질서의 삶'을 위해
'억압적 질서 해체를 위한 시도'에 집중해야 한다.

이와 같은 억압적 질서의 해체는 인간 일반 다수의 참여가 필요하다. 이를 위해서 민중을 일어나게 하고 그들을 행동하게 하는 철학자가 필요하다. 우리 시대는 교육자가 필요하다. 철학의 중요 목적은 교육이다.

 질서를 무너뜨리다

그리고 그는 억압적 질서의 해체와 존재 [나]에 대하여 이렇게 말했다.

질서를 무너뜨리다

☞ 무질서의 삶을 통하여 지금까지와 다른 세계를 실현하려면 우리 민중 다수가 무질서의 철학을 인지하고 행동해야 한다. 쉽지 않겠지만 불가능하지도 않다.

☞ 우리 민중이 존재 [나]를 찾아 가치의 전도를 일으키면 평등을 전제한 자유정신으로 넘치는 또 다른 세상이 기다리고 있을 것이다. 그곳에서는 강자도 없지만, 약자도 없다.

☞ 나와 사람들 그리고 그 속에서의 성공과 끊임없는 구함, 이같은 삶 속에서 자유와 평등은 없다. 대립과 투쟁만이 있을 뿐이다. 큰 집단 질서는 사람의 정신을 파괴한다.

☞ 우리는 자신의 작고 개별적인 질서를 만들고 이를 완성해 가는 작은 세상을 꿈꾼다. 이를 위해 우선 억압적 질서의 해체에 눈을 돌려야 한다. 존재 [나]는 그 속에서 모습을 드러낼 것이다.

 질서를 무너뜨리다

55. 무질서(無秩序)의 자유정신(自由精神)을 위하여

사람은 보통 타인으로부터 얻은 것은 벌써 잊어버리고 그가 자기 생각과 다른 주장을 하면 보통 그에게서 등을 돌린다. 얻을 것은 얻고서 그것에 고마워하지 않는 것이다. 하지만 그렇게 얻은 것은 오래가지 않는다.

시를 공부하고 사랑하는 시인은 우리가 '무질서의 삶'을 성취하였을 때 우리 삶이 어떻게 변화하는지에 관하여 물었다. 붉게빛남은 그의 질문에 이렇게 답했다.

☞ 무질서의 질서가 성취되면
사람은 자기만의 독립적 질서 체계와 그 세계를 보유한다.
모든 사람의 각각 독립된 인식 작용의 총합은
벡터의 합과 같아서
우리 삶에
공통적 집단 질서의 힘으로 작용하지 않는다.

☞ 이때 비로소 각 개인은
억압에서 벗어난 진정한 다양성의 세계,
즉 억압과 모방을 벗어난
'자기만의 창조 세계'를 구축할 수 있게 된다.

무질서의 삶을 위하여

 질서를 무너뜨리다

☞ 창조의 제 1 조건은
억압으로부터의 해방이다.
이 조건을 만족하지 않으면
억압자의 생각에 따라 창조는 제한된다.
절대 이를 간과해서는 안 된다.

☞ 사유 공간의 무한성에 기인한
무한한 사유 창조 가능성은
우리를 삶의 억압에서 벗어날 수 있도록 돕는다.

☞ '무질서의 질서'는
다른 모든 억압적 질서에 대한 독립성을 위한 노력과 투쟁,
자기 질서에서
타인과의 차별성을 찾는
모방에서 벗어난 끝임없는 자기 창조,
그리고 자기 질서에 대한 절실한 의지 작용이라는
삶의 또 다른 목표를 탄생시킨다.

☞ 우리는 이제 조금 다른 목표를 원한다.
우리는 이제 조금 다른 삶을 원한다.
질서 속에서 억압되어 버린

287

질서를 무너뜨리다

  질서를 무너뜨리다

우리는 분열된 의지를 가진 인간이 아니라
자신만의 '무질서의 세계'를 의지(意志)하도록 하며
그리고 이에 대한 절실한 사유를 통해
기필코 '무질서의 질서'를 성취하는 자를 원한다.
우리는 그를 '무질서적 인간'이라 명명한다.

✏ 우리 철학적 시도의 많은 부분은
'무질서적 인간'의 탄생을 위한 것이 될 것이며
이는 우리 미래가 바로 그에게 의존할 것이기 때문이다.

✏ 사람에게서
무질서의 가치와 질서가 인식되고
각자 평등한 자유로움 속에서
억압적 질서와 모방에서 벗어나
그의 삶을 완성할 때까지
우리의 의지는 계속 불타오를 것이다.

존재 [나]를 찾기 위한 일곱 번째 방법은 '무질서의 세계' 창조와 그에 대한 의지이다. 존재가 눈앞에 있다가 다시 까마득히 멀어지는 느낌의 반복이다. 이는 의지의 문제이다.

 질서를 무너뜨리다

의지 즉 간절함이 우리에게 존재 [나]를 찾기 위한 마지막 다리를 놓아줄 것이다. 아직 형상화된 [나]를 얻지 못했는가? 아직 의문투성이 불완전한 사유(思惟) 뭉치로 가득한가? 이 의문의 뭉치는 언제 결론에 도달할 수 있는가?

그리고 그는 무질서적 삶과 존재 [나]에 대하여 이렇게 말했다.

질서를 무너뜨리다

🖋 우리의 소심함은 존재 [나]를 찾는 기회를 여러 번 잃게 한다. 거기에 겸손함까지 결여되면 [나]는 결코 나에게 접근하지 않을 것이다.

🖋 무질서의 개별 세계, 마음 놓아도 된다. 이미 우리 모두 가지고 있다. 그것을 찾으려 인식의 문만 열면 바로 눈앞에 보인다.

🖋 무질서의 세계는 내가 약자라면 나를 강하게 만들고, 내가 강자라면 나를 고귀하게 만들 것이다.

🖋 존재 [나]는 존재·의지·인식의 복합체이다. 어느 것 하나만 부족해도 형상화하지 않는다. 우리는 보통 하나에만 집중한다. 이것이 [나]를 찾기 어려운 이유이다.

질서를 무너뜨리다

IV장. 생각을 멈추다

바람이 동쪽으로 불거나 서쪽으로 불어도
나는 불만이 별로 없다.

멈춤 그리고 천천히 봄

비를 뿌리지 못하며 머물러 있는 구름은
과실을 익히지 못하는 아쉬움을 남기고 있는 것 같다.

56. 지식의 공과 (功過)

작은 사찰을 떠나 산에서 내려가기 시작했다. 하루가 지났을 뿐인데 산은 좀 더 붉어지고 나뭇잎은 많이 떨어진 것 같다. 어제 가을 소나기와 오늘 있었던 돌풍 때문이다. 우리 삶도 그럴 것이다. 조금 내려가니 멀리 어제 출발했던 오두막집이 보인다. 시를 공부하고 있는 자가 마지막 오후 시간을 거북이를 닮은 작은 바위에서 보낼 것을 제안했다. 해가 지고 있고 그 빛이 적당히 사람을 위로해 주고 있다. 조금 있으면 노을이 질 듯하고 하늘도 그것을 준비하고 있는 것 같이 보인다. 이제 붉게빛남에게 존재[나]에 대한 이야기를 들을 시간이 얼마 남지 않았다. 시인은 우리가 지금까지 오랫동안 공부해 왔던 유용한 지식의 의미에 관하여 물었다. 지식도 우리에게 자유로운 존재에 대한 인식을 줄 수 있는 것이 아닌지에 대하여. 붉게 빛남은 이렇게 말했다.

☞ 지식을 소유하려고 하지 말 것.
지식의 무게에 마음이 그르친다.

☞ 지식을 모으려고 하지 말 것.
자신의 고집만 세게 할 뿐이다.

생각을 멈추다

☞ 지식을 크게 말하지 말 것.
그것이 나를 고정한다.

☞ 지식은 쌓일수록 자신의 벽이 두꺼워지니
어제 믿고 있는 신념으로
오늘의 진리를 듣지 못하는 우(愚)를 범하지 말 것.
지식을 단지 지식으로만 사용할 수 있으면
그 공(功)이 과(過)보다 크다.

☞ 지식을 바람과 같이 가볍고 투명하게.

☞ 지식으로 자신을 망가뜨리지 말 일이다.
우리 이제 가고 있는 길을 멈추고
전혀 다른 길이 있음을 보라.

　　　그는 '멈춤 그리고 천천히 봄'을 [나]를 찾기 위한 마지막
여덟 번째 방법으로 제시했다.

　　　그리고 그는 우리의 지식과 존재 [나]에 대하여 이렇게 말
했다.

  생각을 멈추다

☞ 꿈속에서 산해진미(山海珍味)를 먹어도 배부르지 않다. 도서관 가득한 지식도 그렇다.

☞ 잃었던 길을 찾기 위해서는 길을 멈추어야 한다. 천천히 보면 낯선 길 속에서 어느 쪽이 남쪽인지 보인다. 때에 따라서는 밤을 준비해야 할지도 모른다.

생각을 멈추다

57. 진리에의 길

철학을 공부하는 자가 물었다. 우리가 발견하려는 존재
[나] 그리고 진리가 우리 삶을 어떻게 변화시키는지에 관하여.
붉게빛남은 조금 침묵 후 이렇게 말했다.

✐ 우리 모두 [나]에 도달하여
진리를 알고 싶어 한다.
진리를 발견하여
그것을 사람에게 말하고 싶어 한다.
그러나 우리 사유의 목적이
진리를 알고 싶어서라면
탐구를 그만두는 것이 좋다.
진리는 아는 것도, 말하는 것도 아니다.

✐ 하루가
밤과 낮으로 구성되어 있다는 것을
아는 사람과 알지 못하는 사람은
밤이 될 때까지 구분되지 않는다.
그러나 밤이 되면 그것을 모르는 자가 어둠의 두려움에 떨 때
그것을 아는 자는 날이 어두워지고 깜깜해져도
두려워하지 않는다.

 생각을 멈추다.

✐ 계절의 변화가
봄에서 겨울로 반복되는 것을
아는 자(者)와 모르는 자(者)는
겨울이 올 때까지 구분되지 않는다.
모르는 자가 겨울을 절망으로 보낼 때
아는 자는 봄을 준비한다.

✐ 진리를 한 마디로 이야기해 보고 싶은가?
큰 산을 한마디로 이야기해 보고 싶은가?
진리란 무엇인가?
몇 마디 말로서 산을 이야기하는 것은 어리석은 일이다.
무수한 끝없는 나뭇잎과 작은 돌,
계절에 따른 나무의 변화,
비가 오면 생기는 작은 물길,
작은 풀잎에 맺히는 아침 이슬방울,
아마 오랫동안 그것에 대하여 이야기해도
다 이야기할 수 없을 것이다.

✐ 삶의 진리도 그런 것,
진리는 언어화 불가능하다.
우리 존재 탐구자는

생각을 멈추다

진리에 도착하지는 않았으나
그 방향은 알고 있다.
그것은 '오류투성이 생각의 세상'을 벗어나는 것이다.
그리고 존재 [나]를 찾아 나서는 것이다.
잃어버린 적이 없는 잃어버린 [나]를 찾아서.

☞ 5월의 어느 봄날
잠시 멈추어 서서
느티나무 그늘과 시원한 바람을 맞으면
[나]를 찾기 위한
작고 소박한 문을 넘어서는
즐거운 경험을 할 것이다.

　　지식이 아닌 [나]를 찾아 나섬, 지식을 향한 걸음을 멈춤,
대상(對象)을 향한 걸음을 멈춤, 그리고 대상이 아닌 [나]를 천천
히 봄, 보이는 것이 아닌, 들리는 것이 아닌, 어떤 느낌도 아닌, 나
를 천천히 봄, 우리가 멈추어야 하는 이유이다.

　　자유정신을 가지고 정신의 고귀함을 가지며 제3의 탄생
을 하고 사유의 투명성을 가지면서, 인식을 행동화하며 창조적
의지를 갖고 삶을 무질서화한다. 그리고 멈추어 천천히 본다. 이

생각을 멈추다

것이 존재 [나]를 발견하기 위한 여덟 가지 방법이다. 우리는 이미 존재를 발견했는가? 정말 우리는 자기도 모르게 자기 존재를 발견한 것인가? 우리가 이미 존재 [나]를 발견했다고 믿는 순간 존재 [나]는 그 모습을 드러내는가? 또 다른 시선으로 삶의 생기 가득한 세계를 사유하는 것만으로 존재는 그 모습을 드러낸 것인가? 존재란 목표의 한 지점이 아닌가? 존재로 향하는 모든 여정은 모두 존재인가?

　　그리고 그는 존재 [나]의 발견과 우리 삶의 변화에 대하여 이렇게 말했다.

생각을 멈추다

☞ 산속에서 길을 찾기 위해서는 두려워하지 말고 숲속에 익숙
해지고 친밀해져야 한다. 그러면 숲이 스스로 길을 안내해 준
다.

☞ 진리를 안다고 달라질 것은 없다. 삶을 두려워하지 않는 것으
로 그 가치는 충분하다.

☞ '나'는 이미 존재 [나]와 함께 있다. 내가 그를 찾으러 가는 것
보다 그가 '나'를 찾아오게 하기가 훨씬 쉽다.

☞ 존재 [나]를 발견했다고 자랑할 것 없다. 타자(他者)도 이미
모두 다 가지고 있다.

생각을 멈추다

58. 자연스러움과 편안함

철학을 공부하고 있는 자가 다시 물었다. 우리 삶 속에서 마음 편안함에 대하여. 그것이 존재 [나]를 찾은 자의 특징인지에 대하여. 붉게빛남은 편안함에 관하여 이렇게 말했다.

☞ 선인(先人)이 말했다.
이런저런 일에 얽매이지 말고
남을 대할 때 온화하게 대한다.
일이 생기면 용기를 내어 임하고
일이 없을 때는 물처럼 맑은 마음을 지닌다.
뜻을 얻었을 때 담담하게 처리하고
뜻을 잃어도 태연히 대처한다.

☞ 훌륭한 이야기이다.
모두 잘 알고 있을 것이다.
그런데 우리는 그렇게 하지 못한다.
알고 있어도 그렇게 하지 못함은
알고 있지 못함과 다르지 않다.

☞ 진리를 안다 해도 소용없다.
우리 삶을 변화시키는 것은

생각을 멈추다

그리고 실제로 행동하게 하는 것은
무언가 다른 것에 의한다.

☞ 우리를 진정으로 기쁘게 하는 것은
지금 호흡하고 있다는 즐거움이다.
자유를 위한 자유를 찾는 것,
편안함을 위한 편안함을 찾는 것,
이제 멈추고 천천히 보라.

☞ 자유를 찾기 위해
자유를 잃어버리고,
편안함을 찾기 위해
편안함을 잃어버리고,
나를 찾기 위해
나를 잃어버리지 않기 위해.

☞ 존재 [나]를 발견한 자가 편안한 것이 아니라
편안한 자가 존재 [나]를 발견한 자이다.

우리는 편안함을 위하여 편안함을 잃어버리지 않는가?
나를 찾기 위해 나를 잃어버리지 않는가? 존재를 찾기 위해 존재

생각을 멈추다

를 잃어버리지 않는가? 진리를 찾기 위해 진리를 잃어버리지 않는가? 찾는 것과 잃는 것이 같다면 찾지 않는 것이 가장 현명한 일이 아니겠는가?

그리고 그는 우리 삶 속 편안함과 존재 [나]에 대하여 이렇게 말했다.

생각을 멈추다

🖎 타자(他者)가 보는 나와 내가 생각하는 나는 어떤 것이 존재 [나]에 가까운지 알 수 없다. 확실한 것은 둘이 가까울수록 [나]에 가깝다는 것이다.

🖎 존재 [나]는 과거에도 현재에도 미래에도 없다. [나]는 존재 속에만 있을 뿐이다.

🖎 계곡의 물은 계속 흘러가는데 계곡은 그대로이다. 우리 존재 [나]도 그렇다.

멈춤 그리고 천천히 봄

생각을 멈추다

59. 알지 못하는 것들

글을 쓰고 있는 친구가 아무것도 하지 않는다면 지적으로 퇴보하는 것은 아닌지를, 지식에 대한 노력이 우리에게 필요한 것이 아닌지를 물었다. 붉게빛남은 이렇게 말했다.

진리를 포함해서
존재, 죽음, 도덕, 정의, 아름다움의 본질,
알지 못하는 것이 생겼을 때
그것을 오랫동안 생각해 보는 것도
삶을 풍요롭고 즐겁게 한다.
너무 급하게 알려고 할 필요 없다.

어떻게 보면
사실 우리가 알지 못하는 것을
꼭 알아야 할 필요도 없다.
그렇게 알아야 한다는 것으로
강제되어 잠재되어 있을 뿐이다.

위대한 철학자가
말하는 것도 우리에게 실질적으로
대부분 허위(虛僞)이다.

  생각을 멈추다

적용이 어렵기 때문이다.

☞　자신에게 맞지 않는
잘못된 정의와 논거를 외우고
그것을 자신의 지식으로 삼지 않는 것이 좋다.
쓸모없는 지식일 뿐이다.

☞　평생을 공부해도
어차피 우리는 별로 아는 것도 없다.
우리가 꼭 알아야 하는 것은
존재 [나]에 대한 것 말고는 없다.

☞　나 자신에게서 발견하는 진리만이
나를 자유로운 세계로 인도할 수 있다.
그런데 우리는 대상으로부터
진리를 발견하려고 한다.

☞　잃어버린 [나]를
찾아야 한다는 것은 잊지만 말라.
잊지만 않으면
몇 년 후

생각을 멈추다

즐거운 여름밤 서늘한 바람이
알려 줄 테니 걱정 없다.
서두르지 말고 이제 멈추라.
우리가 알지 못하는 것은
우리가 알지 못한다는 것을 잊기 때문이다.

　　　그리고 그는 우리가 알지 못하는 것과 존재 [나]에 대하여
이렇게 말했다.

생각을 멈추다

☞ 많은 사람이 원하는 세상의 것도 구하고, 존재 [나]도 찾으려고 하는 것은 지나친 욕심이다.

☞ 존재 [나]는 내가 어디를 가도 끝까지 동행해 주어서 마음에 든다. 그가 좋아하는 것은 내가 편안해하는 것이다.

☞ 우리가 알아야 할 것은 사람들보다 뛰어나게 되는 법이 아니라 사람들과 함께 즐거워하는 법이다.

멈춤 그리고 천천히 봄

생각을 멈추다

60. 미래의 즐거움

시를 쓰는 것을 공부하는 자가 물었다. 우리의 목표가 얼마나 멀리 있는지에 대하여. 철학을 공부하는 자도 이렇게 물었다. 우리가 존재를 찾아 헤맬 때, 우리는 무엇을 꿈꾸는지에 대하여. 붉게빛남은 우리 현재에 대해 그리고 우리가 왜 멈추어야 하는지에 대해 이렇게 말했다.

5년 후를 꿈꿀 때
그 꿈은 저 먼 산 너머였고
10년 후의 꿈에 젖었을 때
그 꿈은 보이지 않는 저 하늘 너머였다.
그런데 한번 30년 후의 꿈을 생각해 보면
지금 바로 여기에 있는
내 모습 아닌가?

미래를 찾아 떠나는가?
미래를 찾아 고통 속에서 어렵게 헤매는가?
미래에 성취할 꿈에 즐거운가?
그 미래는 우리 시대 위선자가 세뇌한 허상(虛像)이다.
신기루를 좇지 말라.

생각을 멈추다

☞ 멈추라. 그리고 천천히 보라.
우리 미래 모습을. 그리고 지금 내 모습을.
미래의 나를 위해 노력하지 말고
현재의 나를 위해
현재 내가 해야 하는 일이 무엇인지 천천히 보라.
서두를 것 없다.

☞ 실패, 삶에서 실패란 없다.
사실만 있을 뿐.
실패와 성공을 판단할 수 있는 자는
신(神)과 나 자신 말고는
누구도 없다.

☞ 간절함을 가지고
자신이 가능한 모든 준비와 함께
지금 나를 위한 일을 시작하라.

☞ 위선자, 어리석은 자가 그려준
신기루를 좇아 헤매다가
쓸쓸히 웃음 지으며
[돌이킬 수 없음]을 후회하지 말라.

생각을 멈추다

그리고 그는 우리의 목표, 미래, 꿈과 존재 [나]에 대하여
이렇게 말했다.

생각을 멈추다

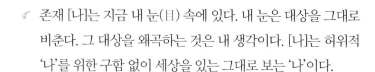

〃 존재 [나]는 지금 내 눈(目) 속에 있다. 내 눈은 대상을 그대로 비춘다. 그 대상을 왜곡하는 것은 내 생각이다. [나]는 허위적 '나'를 위한 구함 없이 세상을 있는 그대로 보는 '나'이다.

〃 걱정 없다. 우리의 친구 존재 [나]가 있으니. 그는 우리가 원하는 모든 것을 들어 준다. 그 방법도 알려준다. 그리고 어리석은 자의 말을 듣지 않도록 돕는다. 단, 주위가 시끄러워 잘 들리지 않는 것이 문제이다.

명상 그리고 침묵의 봄

생각을 멈추다

61. 즐거운 삶

시를 사랑하는 시인이 이번 여정(旅程) 마지막 시를 들려주었다. 그의 시(詩)는 마치 자신이 발견한 실존적 존재 [나]에 대하여 암시하는 듯하다.

"먼 곳 아주 먼 곳 아니겠지만 | 나에게 나에게는 똑같습니다. | 노란색 주홍색 나뭇잎들이 | 사뿐히 또 사뿐히 내려앉아서 | 사각사각 내 뒤를 따라옵니다."

도덕을 가르치는 자가 물었다. 우리가 지금 걱정하는 일은 정말 걱정할 만한 일인지에 관하여. 그것이 [나]를 찾는 것을 방해하는 것은 아닌지에 대해. 붉게빛남은 이렇게 말했다.

☞ 괴로움은
 과거를 염려해서 나타나고
근심, 걱정은
미래를 염려해서 나타난다.

☞ 긍정적이란 이 쓸모없는 근심, 걱정의 근원인

생각을 멈추다

과거와 미래에
자신을 많이 두지 않으려는 의지이다.

☞ 보통 지켜야 할 것이 많지 않고
잃을 것이 많지 않다고 생각할수록 도움이 된다.
삶이 허락하는 한, 그러하기를.

☞ 우리가 지켜야 할 것은 무엇인가?
천천히 보라.
문명, 과학, 기술, 지식, 철학인가?
틀리지 않는다.
이를 우리 모두에게 평등하게 사용한다면.

☞ 그러나 이를 독점한 자는
그것으로 자신을 무장하고
불평등을 강요한다.
그가 과연 그것을 독점할 권리가 있는가를
우리는 오랫동안 생각해야 한다.

☞ 우리가 지켜야 할 것은
자신의 구함을 버리고 삶의 불평등을 해소하려는

생각을 멈추다

평등하고 자유로운 평온한 마음이다.

☞ 우리 사람이 모두
서로의 자유를 나누어야
우리 삶의 모든 공간이
'밝음'으로 충만하다.
이 간단하고 누구라도 알고 있는 일에 대해
그런데 무엇이 문제인가?

☞ 지금
우리들의 구(求)함으로
곳곳 어둠으로 가득하다.
많은 힘을 가진 소수도 편치는 않다.
독재자가 편치 않듯이.
세상 사람 모두 걱정으로 가득하다.

☞ 천천히 보라.
우리를 모두 '밝음'으로 정겹게 인도하는
우리가 지켜야 할 '소중한 것'이 우리 자신 속에 있다.
우리 자신 속 잃어버린 소중함을 찾아 떠나라.

315

생각을 멈추다

그리고 그는 걱정에 관한 질문에 대해 이렇게 말했다.

☞ 아무것도 필요 없는 곳
그곳을 향하여 침잠하라.
그곳은 물질이 없는 세계이므로 구함도 없다.
[나]를 향하는 시간이 많아질수록
구함을 향하는 시간이 줄어든다.
구함의 침잠(沈潛).
이것이 내가 지금 [나]를 향하고 있는지
알 수 있는 쉬운 방법이다.

☞ 걱정은 구함에서 시작한다.
지금 우리가 걱정하는 것도 대부분
과도한 구함에서 기원한다.

걱정 없는 평온한 삶, 그것은 우리 삶에서 쉽게 이루기 어려운 일임을 반증하는 예로 가득하다.

그리고 그는 우리의 걱정, 구(求)함과 존재 [나]에 대하여 이렇게 말했다.

 생각을 멈추다

🌿 우리가 걱정하는 대부분은 타인에게 보이는 자신을 위한 것이다. 사실 존재 [나]를 위한 걱정은 별로 하지 않는다.

🌿 나를 별로 걱정해 주지 않는 사람을 위하여 우리는 항상 걱정이다. 그렇지 않다고 믿고 싶겠지만 사실 나를 걱정해 주는 것은 존재 [나] 말고는 거의 없다.

🌿 자신을 향하는 자는 타자(他者)를 오랫동안 볼 시간이 없어 그와 다투지 않는다. 이것만으로도 그는 세상 문제를 대부분 해결한다.

🌿 아무것도 필요 없는 곳. 무욕(無慾)의 땅, 우리 모두 대부분이 이것을 원하는데, 욕심 많은 자가 내버려 두지 않는다.

 생각을 멈추다

62. 즐거운 외로움

　　도덕을 공부하는 자가 다시 물었다. 우리가 자기 존재 속으로 침잠(沈潛)하면 사람에게 외면당하고 외로워지는 것은 아닌지에 대하여. 붉게빛남은 외로움에 대하여 이렇게 말했다.

☞ 외로움은
자기 힘의 부재에 기인한
자기 존재 보존을 위한 심리적 공허 상태이다.

☞ 혼자인 시간에
책을 읽고 음악을 듣고 이런저런 생각하는 것은 모두,
음악을 통한 타인과의 교류
책을 통한 타인과의 교류
생각을 통한 타인과의 교류이다.

☞ 우리는 혼자 있는 시간이 있기는 한 것인가?

☞ '자신'과
자신과 함께하는 '또 다른 자신'
이 둘만 남았을 때
사람은 비로소 '즐거운 외로움'을 느낄 수 있다.

생각을 멈추다

우리 삶에서
한가로이 외로울 시간은 그렇게 많지 않다.

☞ 혼자 있으라.
자신을 찾아 주기를 기다리는
우리의 진정한 친구의 소리가 들리고 느껴지도록.
혼자 있으라.
그 진정한 친구만이 당신과 영원히 동행한다.
곧 잃어버릴 것을 위해 너무 헌신하지 말라.
그들은 내 옆에 끝까지 남아 주지 않는다.
그러니
혼자 있으라.

　　그리고 그는 우리의 존재 속 침잠(沈潛)과 존재 [나]에 대하여 이렇게 말했다.

생각을 멈추다

🖋 보통 사람은 삶의 철학을 어쩔 수 없이 이미 알고 있다. 철학과 진리를 교육받아야 할 자는 욕심 많고 어리석은, 스스로 뛰어나다고 생각하는 탁월한 소수이다.

🖋 외로움은 우리에게 자신을 외롭지 않게 해 줄 시간을 부여한다. 내가 발전하고 향상하는 것은 보통 혼자 있을 때이다.

생각을 멈추다

63. 목마름과 철학

     현실적인 삶을 중시하는 실리주의를 공부하는 자가 물었다. 우리가 직면해 있는 현실적인 어려움 극복 방법에 대해. 우리가 찾고 있는 존재 [나]가 실제로 무엇을 해 줄 수 있는지에 대해. 붉게빛남은 조용히 이렇게 말했다.

☞ 삶을 위협할 만큼
그리고 죽음이 떠오를 만큼
타는 듯이 목이 마를 때
물을 택할 것인가
철학적 지혜를 택할 것인가?

☞ 육체적 갈증과 철학적 갈증은
사실, 그 본질이 크게 다르지 않다.
그리고 우리에게 주는 공과(功過)도
크게 다르지 않다.

☞ 육체적 갈증은
우리에게 존재를 인식하게 해준다.
이는 철학도 다르지 않다.
육체적 갈증 해소를 통해 생명 연장이 가능하다.
이는 철학도 다르지 않다.

생각을 멈추다

철학이 없다면
인간은 쉽게 절망하고 병들 것이다.

☞ 진리를 이루기 위해 몸을 바칠 수 있는가?
진리를 찾음에
목숨이 위태로울 정도의 절실함으로
탐구하지 않으면
그는 모습을 거의 보여주지 않는다.

☞ 물로 갈증을 해소하면
사람은 또 다른 욕구 해소로 눈을 돌린다.
역설적으로
존재를 위협하는 타는 듯한 갈증이
오히려 존재를 드러내고
이때 '잃어버린 나'를 찾는
철학적 지혜로 인도하기 쉬울 수 있다.

☞ 서둘러 답을 구할 필요는 없다.
멈추어 천천히 보라.
살아 숨 쉬는 것 이외에
다른 중요한 구할 것은 별로 없다.

생각을 멈추다

멈추어 천천히 보면 존재는 그 실체를 드러내는가? 멈춤은 존재 [나]라고 잘못 오해되고 있는 것을 깊이 인식하기 위해 우리 모든 것을 멈추는 것, 이것을 말하는가? 이것을 정확히 인식한다면 우리는 살아 숨 쉬는 것 이외의 것에는 어느 것도 크게 구하고 또 동요하지 않을 것이다. 단정하게 입고 소박하게 먹고 편안하게 잠잘 수 있는 작은 공간만 있으면 우리에게 충분한 것 아닌가?

그리고 그는 존재 [나]가 우리에게 해 줄 수 있는 것에 대해 이렇게 말했다.

생각을 멈추다

✒ 목마름이 존재 [나]를 인식하게 해 주는 것과 두꺼운 책 속의 철학이 [나]를 인식하게 해 주는 것은 다르지 않다. 가난한 농부와 저명한 철학자의 삶에 대한 인식이 크게 다르지 않은 이유이다.

✒ 존재 [나]가 잠시 모습을 드러내는 경우가 있는데, 그중 하나가 우리가 고통 속 절망할 때이다.

✒ 죽음을 선고받은 자(者)의 첫 번째 생각은 '나'에 대한 동정이다. 이때의 '나'는 존재 [나]에 가깝다. 그래서 이때의 '나'는 그전과 조금 다른 것을 원하기 시작한다.

멈춤 그리고 천천히 봄

생각을 멈추다

64. 사려 깊음

심리학을 공부하는 자가 말했다. 우리가 찾고 있는 것을 삶의 예지자가 왜 미리 알려주지 않는지, 왜 사람에게 미리 알려주지 않아 그의 삶에서 평온과 자유를 주지 않는지, 왜 사람은 스스로 발견하는 과정을 거쳐야 하는지에 대해. 붉게빛남은 그의 질문에 이렇게 말했다.

알지 못하는 것이 생겼을 때
우리 삶의 인도자, 예지자가
알려 줄 수 있는 것과
그럴 수 없는 것이 있다.

진리는 단지 발견하는 것으로
완성하는 것이 아니라
우리 삶 가득한 진리를
자신의 삶 속에서 행동화하는 것이다.
그러므로 누군가 지식과 총명함으로 아무리 깨달아도
준비가 되어 있지 않으면
그의 작은 깨달음은
오히려 더 큰 깨달음의 장애로 작용할 뿐이다.

 생각을 멈추다

　그러므로
훌륭한 예지자일수록
준비되지 않은 자에게
절대로 진리를 알려 주지 않는다.

　이것이
예로부터 훌륭한 스승과 철학자가
준비되지 않은 자에게는
자신의 경험과 학식을
그렇게 애써 알려 주려 하지 않는 이유이다.

　존경할 만한 고귀한 철학자가
만일 누군가의 질문에 답하지 않는다면
그것은 아마도 그가 아직
그 답을 받을 준비가 되지 않았다고 생각하면 된다.

　삶의 예지자가 침묵하는 또 다른 이유는
그에게 진리를 찾는 과정에서의 기쁨을
가능한 한 지켜 주기 위해서이기도 하다.
진리는 물을 것 없다.
서두를 것도 없다.

생각을 멈추다

진리란 그 궁극의 상태와
그 과정까지를 모두 포함한다.
물론 그가 그 기쁨을 끝까지 발견하지 못할지도 모르지만
그것은 그의 몫이다.

그러므로 철학자는 여러 면에서
진리에 대해 답하지 않을수록
좀 더 사려 깊다고 할 수 있다.

자신의 삶에서
진정한 지성을 가진 예지자는
자신의 진리에 대한 질문에
답해주는 자가 아니라
자신에게 진리에 대한 질문을
떠올리게 하는 자이다.
이를 잊지 말라.

질문이 떠오르면
이제 나머지는 자신의 몫이다.
질문이 떠오르면
그리고 그것을 잊지만 않는다면

생각을 멈추다

그 답은 그 질문 속에
그리고 자신의 숨겨진 존재 속에
이미 존재한다.

그리고 그는 예지자의 역할과 배움의 준비 그리고 존재
[나]에 대하여 이렇게 말했다.

생각을 멈추다

☞ 우리 대부분은 죽음을 선고받은 자와 남은 수명에 있어 크게 다르지 않다. 철학자는 매일 그 말만 하고 있는데 사람들은 별 반응이 없다. 죽음의 선고 면에서는 의사가 철학자보다 권위가 있어 보인다.

☞ 배움의 준비에만도 많은 시간이 필요하다. 사람들이 진리를 얻지 못하는 이유이다.

☞ 미숙한 자의 두 가지 특징은 타인을 쉽게 비판하는 것과 무엇이 중요한지 잘 모른다는 것이다. 그것을 알려면 시간이 필요하다. 그런 그를 만나면 너무 마음 쓸 것 없다.

☞ 의문을 떠올리게 하는 자를 비판하는 것은 자신이 아직 어리석다는 증거이다. 그것을 스스로 해결할 능력이 없기 때문이다.

생각을 멈추다

65. 꽃을 보며 봄을 깨닫다.

시를 공부하는 시인이 물었다. 존재 [나]도 어차피 죽음의
언덕을 넘어야 하는 것 아닌지에 대해. 결국, 육체적 존재 '나'와
특별히 다른 것은 없는 것이 아닌지에 대해. 붉게빛남은 이렇게
말했다.

꽃이 지는 것을 보며
슬픔에 젖는 시인처럼
그렇게 봄의 덧없음을 슬퍼할 것인가?
꽃은 피고 그리고 지고.
그렇다면 우리 삶도 슬프지 않을 수 없다.

'꽃을 보고 봄을 깨닫다'
그러면 꽃이 지는 것을
슬퍼하지 않을 수 있을 것인가?
그렇다면 우리 삶도
슬퍼하지 않을 수 있다.

하지만
꽃은 다시 피지만
우리 삶은 다시 올 수 없는가?

 생각을 멈추다

존재 [나]는 육체를 잠깐 빌렸을 뿐이다.

☞ 우리 존재는
꽃이 져도 봄이고, 봄이 가도 언젠가 다시 오듯
영원하다.
왜냐하면 시간이
기억하고 있기 때문이다.
왜냐하면 즐거운 봄볕 따뜻한 양지(陽地)가
기억하고 있기 때문이다.

☞ 멈추라.
그리고 천천히 봄(春)을 보라.

　　　이것은 [시간과 존재의 투쟁]이다. 이 투쟁에서 승리함으로써, 시간에서 벗어난 존재를 얻기 위해 우리가 여기까지 그와 함께한 것 아니겠는가? 우리 여정의 많은 부분이 이 사유로 가득했다는 생각이다. [시간과 존재의 투쟁] 속에서 어떻게 시간을 존재와 분리할 수 있는가? 존재가 시간에 따라 변화하는 특성을 가진다면 시간의 극복을 위해 존재는 무변화의 힘과 양태를 가져야 한다.

생각을 멈추다

나는 시간과의 투쟁에서 승리할 수 있을 것인가? 나는 무변화의 힘을 가질 수 있을 것인가? 그렇다면 무변화의 존재가 우리가 찾는 존재 [나]이지 않겠는가? 그것이 변화 존재에 의한 공허한 삶에서 벗어나게 해 줄 것이다. 무변화의 존재 [나]는 무엇인가? 무변화의 [나]를 위한 삶은 어떤 삶인가? 우리 여정의 핵심에 다가서고 있다.

그리고 그는 육체적 나와 실존적 존재 [나]에 대하여 이렇게 말했다.

생각을 멈추다

🖝 봄(春)은 꽃에만 있는 것이 아니다. 존재 [나]는 지금 사유하는 '나'에게만 있는 것이 아니다. 봄(春)은 세상 어디에나 있다.

🖝 진리는 어느 특정한 사유 주체 속이 아니라 모든 곳에 가득 차 있다. 그곳에서는 작은 변화가 계속되지만, 시간의 오랜 흐름 속에서 결국 변화는 없다. 그곳에서 나는 변화를 잊는다.

생각을 멈추다

66. 삶의 세가지 즐거움

    아름다움에 관하여 공부하고 있는 자가 물었다. 진정한 삶의 즐거움과 존재 [나]를 찾았을 때 얻는 즐거움에 대하여. 붉게빛남은 우리 삶의 '세 가지 큰 즐거움'에 대해 이렇게 말했다.

  ☞ 우리 삶 속에서
많은 즐거움이 있겠지만
그래도 잊지 말아야 할
세 가지 즐거움이 있다.

  ☞ 첫째는
삶에서 사랑을 느끼고
그것을 주고받는 즐거움이다.

  ☞ 사랑받는 즐거움도 좋으나
그것은 오래가지 않는 법.
하지만 사랑을 하고
주는 것에서 얻는 즐거움은
그 대가를 바라지 않는다면
생의 마지막까지 지속할 수 있다.

334

 생각을 멈추다

☞ 받는 즐거움은
타인의 의지에 의존하지만
주는 즐거움은
내 의지의 영역이다.

☞ 둘째 즐거움은
삶의 진실을 알아가는 즐거움이다.
어린아이가 보물찾기하듯
삶 속에 감추어진 비밀을 찾아가는 즐거움.

☞ 연인, 친구, 사람들,
그리고 넘쳐나는 지식 속에서
삶의 비밀을 찾아가는 즐거움.
그런데 아마도 타인보다는 자신에게서
더 많은 비밀을 찾을 수 있을 것이다.

☞ 그리고
마지막 즐거움은
진정한 삶의 깊은 지혜를 가진
함께 휴식하고 싶은
지식인을 만나는 즐거움이다.

생각을 멈추다

☞ 사람은 지식이 풍부해짐에 따라
자기 지식에 대한 오만으로
이 즐거움을 잊으려는 경향이 있다.

☞ 어쩌면 자기 생을 통해
한 번도 그를 만나지 못한 사람도 있을 것이다.
이는 자신에 대한 어리석은 거만과 오해에 기인한다.
함께 휴식할만한 사람이
그리 많지 않은 것도 사실이지만
더 큰 문제는 그를 찾지 않고
그를 받아들이고 또 존경하려 하지 않는
사람에게 그 원인이 있다.
함께 휴식할 수 있는 자가 있는 삶은 즐겁다.

☞ 이 세 가지 즐거움, 잊지 말기를.
우리 이제 멈추고
즐거움을 천천히 느끼면서
오후 시간, 휴식하라.

우리는 전혀 다른 즐거움을 위해 삶의 진정한 세 가지
즐거움을 생각하지 않고 오랫동안 지내 왔는지 모른다. 그러나

 생각을 멈추다.

지금까지 존재 [나]에게는 도움이 되지 않았지만, 우리가 느꼈던 다른 즐거움은 무엇인가? 그것을 쫓아 살다가 죽는 것이 보통 우리 삶 아닌가? 이런 생각을 하고 있을 때 붉게빛남은 이렇게 말했다.

죽음을 앞둔 자의 눈물은 무엇인가?
죽음을 앞둔 자의 즐거움은 무엇인가?
시간과 무관한 존재의 즐거움은 무엇인가?
이것이 우리가 존재를 찾는 이유이기도 하다.

그리고 그는 삶의 즐거움과 존재 [나]에 대하여 이렇게 말했다.

생각을 멈추다

✎ 우리가 과연 즐거운 때는 언제인가? 짧은 즐거움을 위한 우리의 여정이 너무 힘들지 않은가? 그런데 우리가 즐거워하는 것은 즐거움이 맞기는 한 것인가?

✎ 과거는 이미 없고 미래는 아직 없다. 과거를 만들어 괴로워하고, 미래를 만들어 두려워하는 것은 오래된 습관일 뿐이다.

✎ 없는 것을 만들어 괴로워하고 두려워하기에는 우리 삶이 너무 짧다. 그것은 죽음 때까지 미루어 두었다가 죽은 후 천천히 느끼는 것이 좋다. 죽은 후에는 시간이 많다.

✎ 호랑이를 탄 사람은 사람들에게는 선망의 대상이지만 본인은 그렇지 않다. 존재 [나] 아닌 그 무엇이 아무리 좋아도 '나'를 편안하게 해 주지 않는다.

생각을 멈추다

67. 바로 보지 못하는 것들

이제 해는 넘어가고 나무 위에 붉은빛만 남기고 있다. 그래도 아직 하늘은 밝은 낮의 느낌이 남아 있다. 음악을 좋아하는 친구가 물었다. 존재 [나]에 대하여 잘 알고 있다고 생각하고 있지만, 사실 오해하고 있는 것이 무엇인지에 대하여. 붉게빛남은 이렇게 말했다.

〃 우리는
바로 보지 못함을 인식하기 어렵다.
'바로 보지 못하는 것에 대한' 오래전 어느 선사(禪師)의 시다.

"물고기는 물을 보지 못하고 ┃ 사람은 바람을 보지 못하며 ┃ 어리석은 자는 진리를 보지 못하고 ┃ 진리는 빈 곳을 보지 못한다."

〃 물론 이뿐만이 아니다.
우리는 고마움을 바로 보지 못하고
자연을 바로 보지 못하며
우정을 바로 보지 못하고
마음씨 착한 사람을 바로 보지 못하며
내 마음을 바로 보지 못하고
내 감정을 바로 보지 못하며

생각을 멈추다

내 분노와 화의 근원을 바로 보지 못하고
아름다움을 바로 보지 못하고
평온함을 바로 보지 못하며
자유로움을 바로 보지 못한다.

☞ 삶은 바로 보지 못함으로 가득하다.
우리가 바로 보지 못하는 것은
관조(觀照)하지 못함에 기인한다.
그러므로 이제 멈추라.
그리고 서둘러 지나치듯 보지 말고
천천히 관조하라.

그리고 그는 삶에 대하여 바로 보지 못하는 것과 존재 [나]
에 대하여 이렇게 말했다.

생각을 멈추다

☞ 도대체 내가 알고 있는 것이 있기는 한 것인가? 이 말을 하기
까지 보통 30년 공부가 필요하다.

☞ 어느 하루 저녁 생각한 것 이상 우리 삶에서 더 알 것이 없을
수도 있다

생각을 멈추다

68. 선택 받는 소수

　　오랫동안 듣고 있던 법과 정의를 공부하고 있는 자가
물었다. [나]를 찾기 위해 우리 삶의 목표를 무엇으로 해야 하
는지에 대하여. 붉게빛남은 이렇게 말했다.

　　☞　우리는
선택받은 소수가 되려
너무 애쓰지 않는 것이 좋다.
우선 선택받은 소수는 말 그대로 소수라서 이루기 어렵고
그 희소성이 클수록 더욱더 이루기 어려우며
일단 선택되더라도
선택받은 소수로서 오랫동안 지속하기 어렵기 때문이다.

　　☞　선택받은 소수가 되려는 노력을 버리고
선택하는 소수의 삶으로 그 목표를 전환하라.
이편이 훨씬 쉽고 편안하다.

　　☞　타인에게 선택받아 즐거움을 느끼는
수동적이고 노예적인
삶의 자세와 목표에서 벗어나라.
삶의 가치를 과소평가하여

명상 그리고 천천히 봄

　　생각을 멈추다

오해하고 있는 사람에게 주는
또 다른 관점의 변화이다.

☞ 우리 삶의 가치가
타자(他者)에 의해 평가될 만큼
그렇게 보잘것없지 않다.

☞ 이제 자기 삶을 만들어 가기 시작하는 젊은 자와
어느 정도 삶을 살아온
그리고 나름대로 자신을 드러내고 싶어 하는
교양과 학식의 소유자 모두에게
이 같은 관점 변화의 필요성은
크게 다르지 않다.

☞ 풍요로움, 힘, 명예를 위해 서로 다투는 울타리 속은
암흑 속에서 거미줄에 걸린 것 같은
음습한 부자유가 있을 뿐이다.
이 부자유를
선택하는 소수의 조건으로
생각하는 오류는 물론 없기를.

생각을 멈추다

☞ 선택할 수 있는 자가 되기 위해서는
자유로움이 우선 필요하다.
천천히 살펴보라.
자신이 지금 자유로운지를.

☞ 그리고 자신이 지금
현재를 희생하면서 이루고자 하는
그 삶의 목표에 도달하였을 때
자신이 자유로울 수 있을 것인지
생각하라.

☞ 삶을 걱정하지 말라.
선택받으려 노력하지만 않아도
곧 자유로울 수 있다.
그리고 누구나 자유로울 수 있다.

우리는 선택받는 자가 아니라 선택하는 자가 되어야 한다. 선택하는 자가 무엇인지에 대하여 깊이 생각해 볼 일이다. 우리는 지금, 이 순간에도 많은 것을 이미 선택할 수 있는 자(者)이지 않은가? 이미 모든 것을 가지고 있지 않은가? 지금 이 산속에서 청명한 공기를 마시며, 이 산을 오르고 내리는 것보다 더 큰 삶의

 생각을 멈추다

목표가 있는가? 이미 우리가 선택할 수 있는 것으로 가득한데 선택받으려 노력할 필요가 없지 않은가? 아니, 그뿐 아니라 그럴 시간도 없지 않은가? 선택하는 것을 삶의 목표로 하면 타인에 의해 만들어진 세상의 법칙은 무너지고 새로운 삶의 법칙, [나]만의 법칙이 세상을 지배할 것이다. 이것은 존재 [나]를 얻기 위한 조건이다.

그리고 그는 우리 삶의 선택과 존재 [나]에 대하여 이렇게 말했다.

생각을 멈추다

  우리 삶은 대부분 선택받으려 산다. 죽는 순간까지 신(神)에게 선택받으려 기도한다. 그러면 언제 우리 삶을 선택하는가?

  음습한 부자유의 거미줄에 걸리지 않을 가능성 측면에서 가난한 자가 유리하다. 그런데 그는 보통 그 부자유를 목표로 한다.

  우리는 선택하려면 큰 힘이 있어야 한다고 생각한다. 그런데 그런 경우는 별로 쓸모없는 일부일 뿐이다. 따뜻한 봄날 오후 한적하게 혼자 산에 오르는 것은 권력자일수록 어렵다.

  자신이 할 수 있는 것은 잊어버리고 할 수 없는 것을 쫓아 삶을 고뇌 속에서 낭비하는 것은 오래된 습관일 뿐이다.

멈춤 그리고 천천히 봄

생각을 멈추다

69. 과거를 창조함

작은 바위산을 떠나 이제 우리는 출발했던 오두막 카페로 향했다. 모두 마음속으로 자기만의 존재를 만들고 있을 것이다. 어떤 자는 시인이 느낀 것 같은 사유의 범람을 경험하면서 인식의 급격한 증대를 경험했을 수 있고, 다른 자는 실망감과 함께 존재 [나]의 발견을 위해 마지막 간절한 사유를 시도할 수도 있다. 우리 모두 존재를 발견할 수 있다고 말했으나, 결국 그렇게 되지는 않을 것이다. 물론 아직 시간은 남아있고 발견이 언제 다가설지 모르기 때문에 아직 실망하지 않는 것이 좋다.

우리는 몇 가지 변화를 느낀다. 그중 가장 큰 하나는 세상의 법칙을 내가 만들어 가려고 하는 마음, 그것이다. 타자(他者)가 만든 삶의 법칙은 나에게 크게 유효하지 않은 것은 이제 분명하다. 이것만으로도 우리는 충분히 변했다 할 수 있다. 또 다른 사유와 의문의 해결에는 시간이 걸릴 것이다. 그는 끊임없이 우리에게 의문을 가지게 한다. 새로운 사실도 있고 이미 알고 있는 듯한 사실도 있다. 하지만 그는 아무렇지도 않게 지나가던 우리 시선을 낯설게 만든다.

겸손이 필요한 시간이다. 겸손을 잃으면 모든 사유 여정 속 결과가 무너질 것이다. 그가 존재 [나]를 발견하기 위한 전제

347

조건으로 겸손함을 말한 이유이기도 하다. 드디어 산속 이틀 여정을 마치고 오두막 카페에 도착했고 따뜻한 차를 마시며 우리를 둘러싼 모든 것과 존재 [나]에 대하여 깊은 생각에 빠져 있다. 이때, 시를 공부하고 있는 자가 물었다. 존재 [나]가 지향하는 것이 창조와 관련이 있다면 과연 창조한다는 것은 무엇인지에 대하여. 붉게 빛남은 '창조'에 대해 이렇게 말했다.

☞ 우리,
미래를 창조하는가?
현재를 창조하는가?
현재는 너무 순간이고 미래는 알 수 없다.
그러므로 사실 우리는
우리가 선택한 결정에 의해 구성된
과거와 싸워나가야 한다.

☞ 우리는
과거를 창조한다.
과거를 창조함은
자신이 결정한 일로 구성된 과거의 삶을
현재의 노력으로 의미 있게 재구성하여
과거의 결정에 새로운 의미와 가치를 부여하는 과정이다.

 생각을 멈추다

☞ 과거를 창조함은
자신의 선택과 무관하게 운명 지워진
자기 과거를
현재의 노력으로
새롭게 재창조하는 것이다.

☞ 우리는
과거를 창조해야 한다.
자신의 삶을 의미 있게 재구성하기 위해
자꾸 앞으로만 나아가지 말고
멈추어 천천히 자신의 삶을 보아야 한다.

　　사실 우리 행위 많은 부분이 이미 과거를 창조하고 있을지 모른다. 그런데 우리는 왜 미래로만 향하고 있다고 생각하고 있는가? 오래된 선인(善人)의 말대로 진리의 세계는 과거, 현재, 미래의 경계가 사라지는가? 존재 [나]는 시간의 경계가 없는가?

　　그리고 그는 과거 창조와 존재 [나]에 대하여 이렇게 말했다.

생각을 멈추다

☞ 존재 [나]를 찾는 데 도움이 되는 것은 타자(他者)를 위해 자신을 소모하는 것이다. 그들이 자꾸 [나]를 알려주기 때문이다. 단, 대가를 바라면 알려 주지 않는다.

☞ 미래는 곧 과거이다. 미래를 생각하지만 내가 실제 행동하는 것은 사실, 과거를 위해서이다. 나는 어제 목표로 정한 것을 이루기 위해 오늘 살아간다. 모두 그렇다.

☞ '산'에 있으면서 [산]을 보지 못한다. '나'에 있으면서 [나]를 보지 못한다. 산을 지식으로 만들려고 하면 그 모든 것은 [산]이 아니다.

생각을 멈추다

70. 타자(他者)의 아픔

시를 공부하고 있는 시인이 다시 물었다. 우리가 [나]를 찾음으로써 나뿐 아니라 타인도 이해할 수 있을지에 대하여. 붉게빛남은 시인의 질문에 이렇게 말했다.

☞ 자신의 작은 상처에
물이 닿으면 그 아픔에 고통스럽다.
상처가 없을 때
이를 모르는 것은 아니지만
그 아픔을 기억할 정도로 우리 기억력은 좋지 않다.
우리, 타자(他者)의 아픔을 알고 있는가?

☞ 나와 타자의 아픔, 이 같은 서로 다른 입장에서
대부분 삶의 갈등이 시작한다.
당연한 두 가지 해결책이 있는데
그 하나는 상처로 아픈 자가
상처 없는 자를 이해하는 것이고
다른 하나는 상처가 없는 자가
상처로 아픈 자를 이해하는 것이다.
하지만 두 방법 모두 불가능하다.

생각을 멈추다

☞ 우리 삶 속에서
자기 아픔을 누군가로부터 이해받기란
그리 쉬운 일이 아니다.
세상 거의 모든 사람은
자기 상처가 많고 또 깊다고 생각하고 있어
특별한 경우를 제외하고
다른 사람의 상처를 돌볼 여유가 별로 없기 때문이다.

☞ 그러므로 상처로 인한 아픔을
이해받기를 바라는 것보다는
하루라도 빨리 상처가 낫도록
스스로를 치유하는 것이 현명하다.
타인 또한 자기 상처의 아픔만을 봐주기를 바랄 뿐이니
그에게 많은 것을 기대하지 않는 것이 좋다.

☞ 자신의 상처를
다른 누군가 치유해 줄 것이라 기대하지 말라.
나를 치유해 줄 의사는 나밖에는 없다.
타자(他者)의 치유책을 너무 믿지 말라.
고개를 끄떡이고 편안해지는 듯하지만 착각이다.
돌아서면 그 치유책은 잊힌다.

멈춤 그리고 천천히 봄

 생각을 멈추다

타인의 처방은 별로 소용없다.
그러니 타자(他者)의 치유책에 대한 기대는 버리는 것이 좋다.
나를 천천히 보는 방법밖에는 없다.
스스로 치유하라.

☞ 하지만 마음 놓아도 좋다.
숨 쉴 수만 있으면
그 호흡을 통하여
모든 상처는 치유될 수 있다.

☞ 마음 놓아도 좋다.
타인은 이해의 대상이 아니라
같이 생존해 나가는 대상이다.
타자가 나로부터 이해받기 어렵듯이
나도 타자로부터 이해받기 어렵다.

☞ 타인을 이해하고 이해받으려 너무 노력하지 말라.
그는 그냥 같이 생존해 나가는
정겨운 대상일 뿐이다.
그 이상 바라지 말라.

353

생각을 멈추다

[나]와 타인은 서로 이해의 대상이 아니다. 우리가 만일 서로 이해받으려는 생각만 하지 않을 수 있다면 우리 삶은 좀 더 편안해질 것이다. 그리고 자신의 존재 [나] 속에서 타자(他者)를 발견할 수 있다면 더욱더 그러하지 않겠는가?

그리고 그는 타자(他者)에 대한 이해와 존재 [나]에 대하여 이렇게 말했다.

멈춤 그리고 천천히 봄

생각을 멈추다

☞ 아니다. 아니다. 아니다. 세 번의 '아니다'에 보통 사람은 의심하기 시작한다. '아니다'라고 말해 주는 자를 만나는 것이 얼마나 소중한지는 젊은 시절이 다 지나야 알 수 있다.

☞ 타자(他者)가 나를 이해하는 것은 원래 불가능하다. 그는 나를 생각하는 시간이 짧기도 하고 생각한다고 하더라도 표면적 내 일부만 보기 때문이다.

☞ 타자(他者)는 나를 이해 하려는 자가 아니라 나로부터 이익을 얻으려는 자이다. 아니라고 해도 소용없다. 사실이기 때문이다. 그와 잘 지내는 방법은 단 하나, 그에게 이익을 주는 것이다.

생각을 멈추다

71. 최대의 적

인간 심리를 공부하는 노학자(老學者)가 물었다. 존재를 발견함으로써 모두가 평등하고 자유로운 평온한 세상을 만들 수 있다는 생각과 다른 대안도 있지 않은지에 대하여. 붉게빛남은 타인의 다른 생각에 대해 이렇게 말했다.

  일반적으로
어떤 일을 하고자 했을 때
최대의 방해꾼은
그 일이 불가능하다고 말했던 자이다.

  그러므로 어떤 일을 할 때
그 일이 불가능하다고 말하던 사람에게는
그것을 비밀로 하는 것이 좋다.
그렇지 않으면
그는 어떤 방법을 동원해서라도
그 일의 의미를 축소할 것이기 때문이다.

  자기 일이 중요할수록
조용하고 차분히
그리고 완전하게 준비한 후

 생각을 멈추다

다른 사람과 그 일에 대해 말하는 것이 좋다.
옛사람이 그렇게 하였듯이.

누군가
어떤 일이 불가능하다고 말할 때
그 불가능의 원인은
실제로 불가능한 경우와
그것을 하는 자의 나태함, 의지 분열의 경우이다.

그 원인 대부분은 후자이다.
하지만 그는 자신의 나태함과 의지 부족을
드러내지 않게 하기 위해
어떠한 일이라도 할 것이다.

진리 탐구의 길도 다르지 않다.
나태하고 의지박약한 자의 방해를 유념해야 한다.
우선, 드러내지 말라.
자기 힘으로
그를 압도할 수 있을 때까지
오랫동안 침잠(沈潛)하라.

 생각을 멈추다

그러나 의지 분열자가 아닌
삶의 대안을 가진 자의 비판은
다른 이야기이다.
그는 우리 생각과 지금 다를지 모르지만
결국 같은 곳, 진리의 피안에서 만날 것이다.
그와 우리는 조금도 다르지 않다.

누군가
우리 생각에 반대하고 비난하고 등을 돌리더라도
존재와 진리 탐구의 목적을 잊지 않는다면
그는 오래되고 정다운 친구이다.
우리에게 적은 없다.
마음 편히 가져도 된다.

인식자는 타인의 생각이 자신과 달라도 그것이 틀린 것이
아니라는 것을 주의하지 않는 어리석음은 어느 정도 벗어난 자
이어야 한다.

그리고 그는 진리를 찾아가는 인식자의 서로 다른 길과
존재 [나]에 대하여 이렇게 말했다.

 생각을 멈추다

☞ 타인에게서 이익을 얻으려는 것은 모든 생명체의 본능이다.
인류 역사상 그렇지 않은 몇 사람이 있고 그들을 성인(聖人)
이라 한다.

☞ 침잠(沈潛). 존재 [나]를 지키는 좋은 방법이다. 그러나 잊지
말 일이다. 침잠의 목적은 사유의 힘을 키워 진리를 알리는
것임을. 그렇지 않으면 고립될 뿐이다.

☞ 서로 같은 목적을 가지고 오랫동안 깊이 사유한 인식자들은
서로 알아본다. 그렇지 않다면 둘 중 하나는 가짜이다.

 생각을 멈추다

72. 생각을 멈추다.

심리학을 공부하고 있는 자가 다시 물었다. 우리가 잘 인지하지 못하는 숨어 있는 삶의 오류에 대하여. 붉게빛남은 이렇게 말했다.

☞ '과거를 돌아보고 미래를 설계한다'
과거를 통해 교훈을 얻도록 과거를 열심히 분석하고
풍요로운 미래를 달성하기 위해 미래를 예측하고
여러 문제에 대비한다.
하지만 이는 보통
결국 후회스러움만 남는다.

☞ 죽음을 앞둔 자는
과거를 돌아보고
이를 교훈 삼아 미래를 설계하지 않는다.
그는 슬퍼할 시간조차 없다.
지금 푸른 하늘, 작은 풀잎,
사랑하는 사람의 사진을 보고
상쾌한 공기를 마신다.
과거와 미래는 중요치 않다.

 생각을 멈추다

☞ 사람은
많은 시간이 남아 있는 것처럼 생각하지만
사실, 시간이 없다.
미래를 위해 머뭇거릴 시간이 없다.
지금 바로 자유롭게 행동하고
우리 삶과 사람을 사랑할 것.
그것이면 충분하다.
미래를 걱정 말라. 마음 놓으라.

☞ 목적지를 향해
현재, 모든 것을 희생하고 나아가고 있는가?
멈추라.
지금 여기가 목적지이다.
목적지에 도착해서 하려고 했던 일을 지금 하라.
타자(他者)를 위한 선행을 하려 했는가?
편안한 시간을 즐기고 싶었는가?
지금 하라.

☞ 가난한가? 병들어 있는가?
슬픔에 휩싸여 있는가?
아무것도 하고 싶은 것을 할 수 없을 것 같은가?

생각을 멈추다

☞ 타인과 비교하지 말고
자신의 길을 터벅터벅 걸어가라.
위대한 정신이 그러하듯이.

☞ 깊은 병에 들어 있는가?
몇 번이고 말하지만
숨 쉴 수 있다면 회복할 수 있다.
걱정 말고 크게 숨 쉬라.

☞ 슬픔에 싸여 있는가?
슬프다는 것은 타자(他者)에 기인한 감정이다.
그런데 존재 [나]에게 타자와 나의 구분은 없다.
모두 하나인 [나]뿐이다.
나와 타자를 하나로 사유하라.
그러니 마음 놓으라.

☞ 아직 당신은 살아있다.
당신도 곧 당신을 사랑하는 사람에게 슬픔을 줄 것이다.
오래 걸리지 않는다.
하지만 마음 놓으라.
신(神)은 너그러워

믿음 그리고 천천히 봄

생각을 멈추다

우리가 견딜 수 있는 만큼만
슬픔과 고통을 준다.

✒ 생각을 멈추라.
마음의 심연을 천천히 보고
그 마음 심연 속에서 생각을 멈추라.
슬픔도 고뇌도 모두 멈추도록 생각을 멈추라.

　　생각을 멈추다. 이것이 그가 알려주는 존재의 본질 [나]를
향한 여덟 번째 마지막 비밀의 열쇠이다. 하지만 우리 삶은 생각
할 것으로 가득하지 않은가? 어떻게 생각을 멈출 수 있는가? 그
가 말하는 멈춤은 여분의 것, 쓸데없는 것에 대한 생각의 멈춤을
말하는 것이다. '생각 멈춤'은 연습이 중요하다. '행함과 연습' 우
리는 이것을 다시 기억해야 한다.

　　그리고 그는 생각의 멈춤과 존재 [나]에 대하여 이렇게 말
했다.

생각을 멈추다

☞ 타자(他者)를 비판할 때는 주의해야 한다. 그가 나를 시험하고 있을지도 모르기 때문이다. 그것을 통과하지 못하면 진리는 오랫동안 우리 근처에 없을 것이다.

☞ 생각을 멈추다. 슬픔, 고통, 어려움에 빠진 모든 사람이 잊지 말아야 할 것은 그 고난의 모든 것이 생각에서 기원한다는 것이다.

☞ 생각을 멈추고 천천히 살다가 죽다. 큰 나무와 같이. 그러다 삶과 죽음이 크게 다르지 않음이 떠오르면 살아 있는 것을 위해 걷는다. 살아서 느끼는 즐거움을 조금 얻으면 좋고, 아니어도 좋고.

☞ 생각을 멈추다. 산속 시원한 바람 생각이면 충분하다. 그 속에 모든 것이 있어 다른 생각은 필요 없다.

생각을 멈추다

73. 실패의 이유

삶을 낙관적으로 보는 자가 물었다. 많은 사람이 자기 삶을 결국 실패로 생각하는 이유, 그리고 끝까지 행복을 느끼지 못하는 이유에 관하여. 붉게빛남은 이렇게 말했다.

☞ 우리는 행복할 수 있다.
그리고 자신이 원하는 것을 모두 성취할 수 있다.
즉, 삶을 성공으로 바꿀 수 있다.

☞ 그러나 대부분 실패한다.
이는 우리가 자기 삶을
스스로 실패로 만들기 때문이다.
우리는 이것을 알기까지 조금 늦다.

☞ 쓸데없는 찬사를
바라지만 않아도
실패 확률은 거의 없다.
나머지는 이미 이야기한 것이다.

☞ 우리 삶의 목표와 그 실패 원인에 대해
깊이 사유(思惟)할 것.

생각을 멈추다

실패라고 생각하는 이유를 생각해 보면
우리의 실패는
삶과 어울리지 않음을 알게 될 것이다.

☞ 원하는 공부를 하지 못해 후회하는가?
원하는 집을 갖지 못해 실망인가?
원하는 일을 하지 못해 좌절하는가?
원하는 여유를 갖지 못해 괴로운가?
원하는 명예를 얻지 못해 부끄러운가?
그런데 무엇을 위해 그것을 원했는가?

☞ 자신이 실패했다고 생각한다면
다시 생각해 보라.
우리 삶에서 실패란 없다.
그러므로 그 이유도 없다.
실패로 좌절하기에는 우리 삶은 너무 짧다.

☞ 자기 인생에서 드디어 바로 오늘,
나는 성공했다고 생각하라.
내일도 모레도 성공할 것이다.
사실, 오늘 하루, 성공한 것이 실패한 것보다 훨씬 많지 않은가?

생각을 멈추다

일일이 다 말할 수 없을 정도로
성공한 것으로 가득하다.

☞ 사람들이 나에 대해 어떻게 생각할 것이라고
공허하게 상상하는
쓸데없는 '나'에 대한 생각을 멈추고
마음 편히 놓으라.
그들은 자기 생각하느라
당신을 생각할 여유가 거의 없다.

그리고 그는 우리의 성공과 실패 그리고 존재 [나]에 대하
여 이렇게 말했다.

생각을 멈추다

☞ 우리 삶은 대부분 타자(他者)의 찬사를 받기 위해 소모한다. 그가 칭찬하는 것은 우리가 이룩한 결과이다. 그런데 그 결과는 사실 '나'와는 별 상관이 없다. 그는 '나'를 기억하지 않는다.

☞ 그가 칭찬하는 것은 그 결과가 그에게 이익이 될 것으로 생각하기 때문이다. 우리가 열심히 이룩한 것은 결국 그의 이익을 위한 것이다.

☞ 실패해도 별 상관없다. 사실은 우리가 성공해도 그에게 별로 이익이 안 되는 경우가 대부분이다. 이익이 될 것으로 생각하는 것은 오해이다.

생각을 멈추다

74. 즐거움의 실제적 의미

삶을 낙관적으로 보는 자가 다시 물었다. 즐거움의 본질
과 우리가 즐거움을 느끼는 원인에 대하여. 우리 삶은 본질적으
로 즐거운 것인지에 대하여. 그리고 삶을 즐겁게 바꾸기 위한 방
법에 대하여. 붉게빛남은 이렇게 말했다.

☞ 우리는 무엇인가 얻으면 즐겁다.
물질적인 증식이
삶을 풍요롭게 하는 것을 부정할 수는 없다.
우리 역사상 위대한 철학자는
즐거움을 위한 정신적
대안을 제시해 왔다.
그러나 어떤 위대한 철학자도 사람에게 즐거움을 주는데
실질적 도움을 크게 주지 못한다.

☞ 그 이유는 무엇인가?
이성을 탐구하고, 합리성을 추구하고 – 합리주의
생각을 확대하고 – 관념주의
경험을 활용하고 – 경험주의
실용적 지식을 축적하여 – 실용주의
철학자는 사람에게 유익한 삶의 방향을 제시하지만

생각을 멈추다

결국 사람을 아주
즐겁게 평등한 자유를 통한 평온한 삶을 주는 것 해주지는 못했다.

☞ 그는 왜 도움이 되지 않는가?
그 이유는 사람의 '욕심과 구함'이
항상 그를 압도하기 때문이다.
그러므로 누군가가 타자(他 者)를
오랫동안 즐겁게 하기는 어렵다.

☞ 즐거움의 실제적 의미는
자기 존재가 원하고 구하는 것을 성취함으로써
다가옴은 확실하다.
타자가 원하는 것을 함으로서는 즐거울 수 없다.

☞ 무엇을 자신이 원하는지 오랫동안
사유(思惟)해야 하는 이유이다.
철학은 사람의 욕구 본능을 과소평가해서는 안 된다.

'멈춤 그리고 천천히 봄' 이것이 우리 세대의 숨겨진 과제
인가? 아니, 우리를 이끌 소리 없는 철학인가? 대상에서가 아닌

 생각을 멈추다

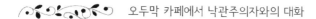

자기 존재를 봄(觀)에 의한 즐거움의 성취. 이것이 우리의 비밀
스런 실마리인가?

　　　그리고 그는 우리 즐거움과 존재 [나]에 대하여 이렇게 말
했다.

생각을 멈추다

존재 [나]는 '나' 이전의 상태로 돌아가는 것이다. 내가 생성되어 나밖에 모르는 형편없는 '나'를 부수고 본래 '나'와 타자를 구분하지 않는 [나]를 회복하는 것, 이것이 우리의 즐거운 목표이다.

존재 [나]를 찾으려고 하니 '나'에게 속박되어 움직일 수 없을 정도이다. 속박되어 있었다는 것도 모르는 채였다. 그래도 걱정은 없다. 그것을 아는 것만으로 우선은 충분하다.

생각을 멈추다

75. 철학의 모순에 대한 책임

　　오랫동안 침묵하면서 동행한 수학을 공부하는 자가 물었다. 우리가 탐구하는 실존적 존재 철학의 근원적 어려움에 대하여. 붉게빛남은 이렇게 말했다.

☞ 너무나 복잡해 풀기 어려운 삶의 문제를
알기 쉽게 설명하는 것이
다름 아닌 철학이다.
도저히 이해할 수 없는 현상을
사람에게 쉽게 설명하는
명쾌하고 가슴 뛰는 학문,
그런데 이것을 우리는 어렵다고 생각한다.

☞ 이에 대해
지금까지의 철학자는 변명의 여지가 없다.
그러므로 철학을 하려는 자는 젊은 시절부터
자기 생각에 자만하지 말고
우선 타인을 이해시킬 문장력부터 키울 것.
이를 소홀히 하면 결국 기억되지 않는
아류(亞流)의 사상가로밖에 남지 않을 것이다.

생각을 멈추다

☞ 보통 사람이
쉽게 이해할 수 있는 문장으로
그리고 조금은 흥미롭게 저술할 것.
자신이 진리를 안다 해도 그것을 사람에게 전하지 못하면
알지 못하는 것과 다르지 않다.

☞ 아는 것과 그것을 전달하는 것이
다른 문제라는 것은
이미 주지(周知)의 사실이다.
이것은 철학에도 그대로 적용된다.

☞ 자기만의 철학을 원한다면
그것을 타인에게 전달하기 위한 능력은 필요 없다.
그러나 타자를 위한 철학을 하기로 한 자는
그것을 전하기 위한 노력을 잊지 말아야 한다.

☞ 철학이 어려워지면 따라서 삶도 어려워진다.
그러나 마음 놓으라.
철학은 우리 주변 곳곳에 숨어 있으니.
그렇다고 꼭 쉬운 것만이 답은 아니다.
이것도 잊지 말아야 한다.

 생각을 멈추다

☞ 서두를 것 없다.
어려운 것처럼 느껴졌던 철학이
어느 순간, 쉽게 다가올 때가 있으니.
철학이 가장 쉬운 학문이 될 때가 곧 찾아올 것이다.

그리고 그는 철학의 모순과 존재 [나]에 대하여 이렇게 말했다.

생각을 멈추다

▱ 진리를 찾으러 가는 길은 혼자 갈 수도 있고 누구에게 인도될 수도 있다. 우리는 자존심이 의외로 강해 보통 생각하는 것과 달리, 혼자 가는 것을 대부분 선택한다.

▱ 우리의 욕심은 끝이 없어 삶의 욕망을 모두 채우면서 진리까지 얻으려고 한다. 사람은 그런 그의 말을 절대 믿지 않는다. 그의 말이 거짓임을 잘 알고 있기 때문이다.

▱ 철학은 타자(他者)를 위한 학문이다. 혹시 자기 삶의 목적이 그렇지 않다면 다른 길을 택하는 것이 좋다.

생각을 멈추다

76. 공간적 사유

철학을 공부하는 자(者)가 물었다. 우리는 타자(他者)와의 투쟁을 피할 수 없는지에 대하여. 불행의 근원인 이 부딪힘을 피할 수 없는지에 대하여. 붉게 물든 정다운 산은 이제 어두워져 간다. 붉게빛남은 이렇게 말했다.

☞ 우정이 부딪힘으로 위태롭고
사랑이 부딪힘으로 파괴되며
관계가 부딪힘에 의해 무너진다.
이를 어떻게 해결할 것인가?

☞ 타자(他者)와의 부딪힘을 피할 수 없다.
우리는 그들과
비슷한 목적을 갖고
살고 있기 때문이다.
부딪힘이 문제의 근원이 아니다.

☞ 그런데 부딪힘이
관계를 무너뜨리는 이유는 무엇인가?
깊이 생각하라.

생각을 멈추다

그것은
그 부딪힘이 자신 삶의 모두인 것처럼 느끼는
단순한 선형적 사고에 기인한다.

☞ '선형적 부딪힘'이란 일차원적
타자 존재와 부딪힘
타자 의지와 부딪힘
타자 인식과 부딪힘이다.
이는 두 존재의 극히 일부분만의 부딪힘이다.

☞ 해결책은 멀리 있지 않다.
타자와의 부딪힘이
우리 사유 공간 속에서 매우 부분적인 부딪힘이란 것을
깊이 인식하기만 하면 된다.

☞ '선형적 부딪힘' 문제에 대한 해결책은
공간적 사유에 있다.
자기 공간 사유 속에서 선형적 사유의 부딪힘을 포용하면
우리는 부딪힘 없이 서로
삶의 평면과 공간 세계를 확장할 수 있다.
공간적 사유는 절대 서로 부딪히지 않는다.

 생각을 멈추다

☞ '선형적 부딪힘'은
우리 사유 공간 세계에서 극히 일부분에 불과하다.
우리는 타자를 제대로 알지 못하고
타자는 우리를 바로 알지 못한다.

☞ 타자와 부딪히면
멈추어 자기 사유 세계를 천천히 보라.
그 부딪힘이 얼마나 작은 부분인지가 보일 때까지.
그리고 그것을 알게 될 때까지.

☞ 타자와의 부딪힘이 일어나면
삶의 사유 공간에서
그 부딪힘의 존재, 의지, 인식 좌표를 사유하라.

　　　삶의 사유 공간은 우리 삶에서 존재, 의지, 인식이 구성하는 공간을 의미한다. 그 광대한 공간이 이루는 세계에서 선형적 부딪힘의 사소함을 인식하는 것, 이것이 부딪힘의 회복 방법이다.

　　　그리고 그는 타자(他者)와의 투쟁과 존재 [나]에 대하여 이렇게 말했다.

생각을 멈추다

　🖋 존재와 존재의 부딪힘은 인간 최대 즐거움이다. 이것이 투쟁으로 바뀐 것은 그렇게 오래되지 않았다. 그렇게 된 것은 우리 모두의 책임이지만 특히 철학자의 반성이 필요하다.

　🖋 시간 부족. 무엇이 우리 시간을 빼앗았는가? 풍요에의 이상이 우리를 파괴한다.

　🖋 우리 삶을 풍요롭게 하는 것은 사람과의 부딪힘이다.

　🖋 우리가 타자(他者)와 생각이 다른 것은 얼굴이 다른 것과 같은 유전자적 현상이다. 타자의 얼굴을 자신과 같도록 요구하지 않으면서 이상하게도 생각은 자기와 같기를 바란다.

멈춤 그리고 천천히 봄

생각을 멈추다

77. 삶의 평온함

시를 공부하고 있고 여정에서 몇 편의 시를 들려주었던 시인이 물었다. 삶이 과연 평온할 수 있는지에 대하여. 알 수 없는 미래와 불안 속에서 평온한 마음을 가질 수 있는지에 대하여. 신이 아닌 인간은 평온할 수 없는 것 아닌지에 대하여. 붉게 빛남은 조용히 이렇게 말했다.

☞ 삶의 평온함은 어디에서 기원하는가?
이를 얻기 위해 우리는
플라톤의 이데아를 공부하여 이상향을 꿈꾸고
루크레티우스를 사유하며 우발적 마주침의 세계를 인식하며
알튀세르의 평등한 세계를 꿈꾸어 보기도 하고
마르크스의 자유로운 연대를 모색해 보기도 한다.

☞ 스피노자, 네그리의 국가를 넘어선 권력에서
자유로운 삶의 공동체를 생각해 보기도 하고
푸코의 생각과 같이
권력에서의 도피를 선동해 보기도 하며
부처의 공(空)과 무(無)를 깨달아
삶의 진리를 쫓기도 한다.

 생각을 멈추다

　☞　예수의 사랑을 모방하기도 하고
사르트르의 존재와 이야기하며
니체의 초인을 자신의 벗으로 삼고
뜨거운 젊음의 지식을 숙지하며
그 사유의 바닷속으로 항해(航海)한다.
이로써 조금은 평온할 수 있다.

　☞　위대한 정신의
철학적 논거(論據)가 아니어도 좋다.
우리에게는 아름다움의 가치와
살아있음의 고귀함을 주는
놓쳐서는 안 될 가을바람 같은 상쾌한 소설도 있다.

　☞　우리에게는
삶을 아름답게 바꾸어 주고
삶에 색(色)을 부여해 주는
그리고 삶에 향기로운 숨결을 부여하는
밤하늘 별과 같은 아름다운 시 또한 있다.
이로써 조금은 평온할 수 있다.

　☞　그런데

생각을 멈추다

과연 그들이 있어 삶이 계속 평온할 것인지는 의문이다.
작은 위험이 우리 삶을 흔들면
지금까지 모든 철학적 사유가
아무 쓸모 없이 사라진다.
사람은 그 '소용없음'에 깊은 회의에 빠진다.

☞ 타자(他者)의 생각과 철학으로부터
무엇을 얻을 것인가는
오랫동안 사유한 후에 그에 대한 답을
스스로 마음속에 각인해야 한다.

☞ 어떤 고귀한 인간의 성취도
그의 철학, 종교, 소설, 시, 예술, 문명, 과학적 성취,
그 어떤 것도
우리에게 오랫동안 평온한 삶을 주지는 않는다.

☞ 이 '소용없음'이 느껴진다면
그곳을 향한 발걸음을 멈추고
다른 좁은 문을 찾아 열고 지금 떠나라.
그 문을 발견하고 또 출발하기 어렵지만
우선, '내가 누구인지'를 생각하기 시작하면 된다.

 생각을 멈추다

그 속에 진짜 평온함이 존재한다.
몇 개의 계곡을 지나야 하는데
그중 하나가 '진짜 행함의 계곡'이다.
행해야 한다.

일단 문 안에 들어서면
죄 없이 사형 직전 탈옥한 죄수와 같이 벌판을 달리라.
주위에 있을지 모르는 맹수도 깊은 고랑도 가시밭길도
그에게는 상관없다.
절실한 마음으로 존재 [나]를 찾으라.

더는 쫓기지 않게 되면
드디어 평온함이 찾아온다.
벗어나라, 친구들이여!
어리석은 인간이 오랫동안 자랑스럽게 만들어 놓은
음습한 삶의 감옥과 그 추적자로부터,
즐거운 녹색의 들판에 다다를 때까지.
벗어나라, 친구들이여!

그리고 그는 우리 삶의 불안, 평온함과 존재 [나]에 대하
여 이렇게 말했다.

 생각을 멈추다

🖋 문제는 생각의 다름에 있는 것이 아니라, 생각이 다를 때 우리의 마음 상태에 있다. 그 마음 상태를 결정하는 것은 보통 어릴 때 그리고 제대로 철학을 시작할 때이다. 어릴 때 철학 교육이 중요한 이유이다.

🖋 삶의 평온함은 철학이 주는 것이 아니라 행함이 주는 것이다. 생각은 평온함을 깨뜨린다. 철학을 공부한다면 그것을 실제로 실험할 것. 쓰여 있는 대로가 아니면 그것은 거짓이다.

🖋 평온함의 시작은 의외로 간단하여 숨 쉬는 것부터 시작한다. 우리는 숨 쉴 수 있어 평온하다. 그다음은 가장 가깝고 또 다툴 필요가 없는 존재 [나]에 대해 사유함으로써이다.

🖋 오늘 저녁 나를 찾아 떠나면 새벽 전에 존재 [나]를 찾을 수도 있다. 하지만 그것을 다수 사람에게서 인정받기 전에는 그것은 존재 [나]가 아니다.

생각을 멈추다

78. 타인(他人)의 자유

인간 미래에 대해 연구하는 자가 우리가 오랫동안 사유했던 최대 다수에게 최대의 자유를 주는 철학이 실제 가능할 것인지, 인간 역사상 항상 실패해 온 것은 아닌지를 물었다. 붉게빛남은 이렇게 말했다.

☞ 자신의 자유와 타인의 자유는 어떤 관계인가?
이 관계에 대한 고찰이 자신의 가치를 결정짓는다.
타인의 자유로운 판단과 생각을 그대로 변형 없이 인정하는 것,
이것이 우리 삶을 아름답게 하는
그리고 누구나 안다고 생각하는 비책(秘策)이다.

☞ 누구나 아는 것으로 생각하지만
알고 있다고, 아는 것으로 생각할 뿐
사실, 우리 대부분은 거의 알지 못한다.

☞ 사람은 대부분
그것이 자신의 자유를 침해하지 않는 범위 내에서만
타자의 행동을 인정하는
소심하고 자기중심적 성격의 소유자다.
이는 뿌리 깊은 본성이다.

생각을 멈추다

☞ 주변 모든 사람의 상호 관계를 잘 살펴보라.
그가 얼마나 타자(他者)에게 관대하지 않은지 발견할 것이다.
특히 그것이 즐거움을 주지 않거나 도움이 되지 않을 때,
그들이 얼마나 냉담한지를.

☞ 우리는 멈추어 타자를 천천히 생각하는
공부와 연습을 해야 한다.
연습 없이 가능하다고 생각하지 말라.

☞ 이는 아직 어리고 젊은 자만이 문제가 아닌
우리 모든 세대의 문제이다.
이것은 우리 학교에서 할 수 있는 일도 아니다.
학교에 가르칠 수 있는 자가 거의 없기 때문이다.
아직 어리고 젊은 학생에게 편안한 시간을 주어야 한다.
아니, 모든 세대에게 편안한 시간을 주어야 한다.
삶을 평등한 자유 속에서 평온하게 만들기 위해서.

그리고 그는 타자(他者)를 위한 관대함과 존재 [나]에 대
하여 이렇게 말했다.

생각을 멈추다

☞ 최대 다수에게 최대 자유를 주기 위해서는 타자(他者)를 인정하는 변화가 필요하다. 하지만 이는 죽음도 이루게 하지 못할 정도로 어려운 일이다.

☞ 우리 철학은 약자를 위한 철학이 아닌 강자를 위한 철학이 되어야 한다. 몇 번이고 말하지만, 우리 철학은 강자를 향한다. 항상 그들이 문제이기 때문이다.

☞ 강자를 변화시키려면 보통, 민중 다수의 힘이 필요하다. 지금까지의 철학은 민중을 향했다. 그러나 우리는 이제 강자를 향한다. 민중의 힘은 그의 변화를 가속한다.

생각을 멈추다

79. 멈춤 그리고 천천히 봄

시를 공부하는 자가 다시 물었다. '멈춤'의 의미에 대하여. 그리고 '멈춤'의 목표에 대하여. 붉게빛남은 '멈춤과 봄'에 대해 이렇게 말했다.

☞ 이제 우리, 당분간
더 나아가지 않기를 바란다.
더 전진하지 않아도 충분히 생존할 수 있으며
더 앞서지 않아도 그렇게 불행한 것은 아니다.

☞ 멈춤 그리고 봄.
하늘, 구름, 차가운 바람,
햇빛 아래 따뜻한 양지,
이 모든 것을 보라.

☞ 관심을 끌지 않던 사람도 보고
미워하던 사람도 보고
그 또한 얼마나 아름다운지를 천천히 확인해 보자.
이제 멈추고
더는 앞으로 나아가지 말라.
앞으로 나아가도 결국은 제자리이다.

 생각을 멈추다

☞ 행복이
알 수 없는 목표를 향해 나아감으로
증가하리라는 착각은 버리는 것이 좋다.

☞ 멈춤은
누군가가 만들어 놓은
어처구니없는 목표를 향한 질주에서 벗어나
우리 존재 [나]의 목표인 자유, 평등, 평온을
다시 만들기 위한 시도와 과정이다.

☞ 천천히 봄은
우리 삶의 목표를
잊지 않기 위한 시도이다.
보통, 사람의 기억력은 하루를 넘기기 어렵다.

그리고 그는 [멈춤 그리고 천천히 봄]과 존재 [나]에 대하
여 이렇게 말했다.

생각을 멈추다

✒ 이 세상 같은 것이 하나도 없어 진리를 말할 수 없다. 말하면 일부분일 뿐이다. 우리는 앞산에 대해조차 말할 수 없는데 어떻게 진리를 말하겠는가?

✒ 우리 각자(各自)는 하나의 산과 같다. 아무리 작은 산(山)이라도 도저히 말할 수 없다.

✒ 어느 정도만 있으면 충분하다. 풍요로워 남길 정도는 필요 없다. 그러므로 풍요로운 자는 멈추어 자신의 풍요로움이 주위 사람과 크게 다르지 않음을 확인해 주어야 한다. 다르면 보통 그들의 적이 된다.

생각을 멈추다

80. 존재의 수레 바퀴

연극을 공부하고 있는 자가 물었다. 우리가 발견하고자 하는 [나], 존재의 가장 근원적 본질이 무엇인지에 관하여. 붉게 빛남은 지금까지 말했던 [나]를 찾기 위한 여덟 가지 방법이 존재의 본질적 특성이기도 함을 부각하며 이렇게 말했다.

☞ 존재는 그 모습이 끊임없이 변화한다.
우리는 그 속에서 자기 존재를 어떻게 만날 수 있을까?
'내'가 [나]와의 관계에서 현시하는
무수한 '나'로 구성되는
존재의 수레바퀴가 있다.

☞ 목이 마를 때 느끼는 '나'
평화로움을 느낄 때의 '나'
배고픔을 느낄 때의 '나'
미래를 상상하는 '나'
무수한 '나'로 둘러싸인 자신을 보라.
우리는 이를 '대자(對自)존재의 수레바퀴'로 이름한다.

☞ 이와 함께 우리는
타인과의 관계 속에서 발생하는

 생각을 멈추다

또 다른 무수(無數)한
내 존재를 발견한다.

＊ 사랑을 느낄 때의 '나'
한 친구에게 보이는 '나'
또 다른 친구에게 보이는 또 다른 '나'
선생님으로서의 '나'
제자로서의 '나'
타자와의 관계 속에서 무수한 '나'를 탄생시킨다.
우리는 이를 '대타(對他)존재의 수레바퀴'로 명명한다.

＊ 내 존재의 주인을 찾으라.
삶이 다른 의미로 다가올 것이고
우리가 만들어 가는 삶을 직감할 것이다.
하지만 현실적 '나'는 대자적, 대타적 존재의 역할들 속에서
현재의 '나'들을 유지하기도 힘겹다.

＊ 그 혼란스러운
자신의 '존재 얽힘' 속에서
그 모든 '나'를 통합적으로 이끌고 가는 수레의 주인,
진정한 존재 [나]를 보기는 절대 쉽지 않다.

 생각을 멈추다

☞ 자신의 눈(目)을 천천히 보라.

거울 속에 비친 자기 눈(目)이 아니라,

대상을 보고 있는 나의 눈을 직관하라는 것이다.

그것이 나의 존재 [나]이다.

나에 대해 모든 것을 알고 있는 것 같은데 절대 보이지 않는 것,

그것이 내 존재이다.

　　　이제 우리는 휴식이다. 모두 이틀간의 그의 말을 정리하고 자기만의 생각을 형상화, 구체화한 후, 아침을 맞고 싶을 것이다. 가을밤 소나무 향은 우리 모두를 향기롭게 한다. 카페를 나와 작은 오솔길을 걷는다. 나무, 달, 바람, 어두워진 하늘, 나뭇잎 소리, 소나무 향, 모든 것이 변한 것은 없다. 그런데 나는 왜 변화하려는 것일까? 왜 나는 [나]를 찾아 존재를 찾아, 진리를 찾아, 변화하려는 것일까? 왜 평등적 자유로 평온하게 나를 바꾸려는 것일까? 자연은 변하려 하지 않는다. 진리를 찾기 위한 우리 여정이 오히려 진리와 더욱 멀어지게 하는 것인가? 조금만 주의하지 않으면 우리 노력이 오히려 우리가 원하는 것과 반대 결과를 초래할 수 있음을 소나무 바람이 알려주는 듯 얼굴을 스친다.

　　　그리고 그는 존재의 본질과 존재 [나]에 대하여 이렇게 말했다.

 생각을 멈추다

    존재 [나]는 분명 [나] 아닌 것으로 구성되어 있다. 대자(對自) 존재, 대타(對他) 존재가 '나'의 수레바퀴를 구성한다. 그 수레를 끄는 자가 바로 [나]이다.

    존재 [나]는 [나] 아닌 것을 수레에 짊어지고 가느라 힘들지만 [나]를 위해 인내한다. 만일 수레도 짐도 놓고 혼자 걸어갈 수 있다면 훨씬 편할 것이다.

    땀을 흘리고 산에 오르니 차가운 바람이 시원하다. 그 바람은 땀을 식혀 주고 '나'를 강하게 한다. 아주 뛰어난 자가 아니라면 조금 고생은 감수해야 한다. 존재 [나]를 찾기 위한 여정도 그렇다.

생각을 멈추다

81. 어둠에서 벗어나는 법

아침이다. 안개가 산기슭에 가득하고 산비둘기의 낮은 울음소리가 다른 세계에 온 듯한 느낌을 준다. 우리 삶도 안갯속 모습과 크게 다르지 않을 것이다. 모두 아침 일찍 일어나 산책을 하거나 사람들과의 이야기로 시간을 보내고 있다. 안개가 조금씩 걷히고 사람들이 잔디밭 옆 소나무 숲 아래에 모였다. 그는 곧 자신은 떠날 것이며 시간이 그렇게 많지 않음을 알린다. 사람들은 많지 않은 시간 동안 무엇을 얻는다는 생각보다는 자기 생각을 정리하는 시간을 가지려는 듯 오히려 여유롭다. 질문은 시를 공부하고 있는 시인에서였다. 그는 [나]를 찾는 동안 밤안개와 같은 어둠과 두려운 미로에서 벗어나는 방법에 대해 알려 달라고 말했다. 붉게빛남은 언제나 그렇듯이 천천히 그리고 조용히 이렇게 말했다.

☞ 어둠 속에서 어둠을 피할 수는 없다.
어둠을 피하는 방법 중
가장 어려운 방법은 태양을 쫓아가는 것이다.
그런데 우리는 대부분 그 방법을 택하고
결국 지쳐 쓰러진다.

☞ 가장 쉬운 방법은 멈추는 것이다.

생각을 멈추다

그러면 알아서
태양이 찾아와 어둠을 밝혀 줄 것이다.
어둠이 오기 시작하면
두려워도 그것을 극복할 방법을 차분히 찾는다면
그렇게 어둠 속의 시간이 힘들지는 않을 것이다.
만일 힘들어도 그만한 가치는 있다.

☞ 멈추어
어둠을 극복할 방법을 천천히 생각해 보라.
동굴을 찾고, 불 지필 나무를 찾고, 맹수를 피할 담을 쌓으라.
이제 곧 아침이 오면
평등하고 자유로운 평온한 세상이 기다리고 있을 것이다.

　　　그리고 그는 존재의 본질을 찾는 과정에서 어둠과 미로에
서 벗어나는 방법과 존재 [나]에 대하여 이렇게 말했다.

생각을 멈추다

 힘들게 존재 [나]를 찾은 것은 시작일 뿐이다. 사람에게 그것을 알리기 위해서는 [나]를 보여야 한다. 그런데 아마도 아무도 알아보는 사람이 없을 것이다.

 존재 [나]를 말하는 것은 광활한 우주를 말하는 것과 크게 다르지 않다. 무언가 명확한 증거를 보여야 하는데 우리가 가진 것은 작은 눈(目)밖에 없다.

멈춤 그리고 청청히 봄

생각을 멈추다

82. 끊임없는 자신을 향한 탐구 그리고 진리

　　도덕을 가르치고 있는 자가 물었다. 멈춤 속에 진리가 있다면 존재 [나]를 향한 탐구도 멈춤이 필요한 것이 아닌지를. 붉게빛남은 다시 한번 멈춤이 '쓸데없는 것에 대한 멈춤'이라는 것을 상기하면서 끊임없는 존재 탐구의 중요성에 관하여 이렇게 말했다.

　▶ 시간은 존재를 가만히 내버려 두지 않는다.
어떤 위대한 사상가도
잠시라도 자신에 대한 탐구를 멈추는 순간
평범한 사람 속으로 돌아간다.
자신을 오랫동안 숭고한 사유 상태로
유지할 수 있는 자는 많지 않다.

　▶ 사람을 위해
새로운 삶의 가치를 제시하여
평등한 자유로움과 평온함을 위한 길을 인도하려는 자는
항상 자신을 탐구해야 한다.

　▶ 세상은 바뀌고
사람에게 필요한 진리도 끊임없이 바뀐다.

생각을 멈추다

이를 찾아 사람을 그곳으로 안내하는 것,
이것이 바로 진리 탐구자의 목표이다.

☞ 진리를 먼 곳에서 찾지 않을 필요 없다.
진리는 행동하는 과정에 있기 때문이다.
진리를 향한 열정을 멈추면
삶은 오래지 않아 횃불이 꺼지듯 어두워진다.

☞ 존재와 진리를 향한 여정은
시작도 없고 끝도 없으며
숨 쉬는 것까지 모두 포함한다.
몇 번이고 말하지만
진리를 향한 열정, 잊지 말기를.

그리고 그는 끊임없는 자신을 향한 탐구와 존재 [나]에 대
하여 이렇게 말했다.

생각을 멈추다

☞ 얻으려는 것이 있으니 다투는 것이다. 끊임없는 자신을 위한 탐구만이 얻으려는 마음을 잠재운다. 자신에게서는 얻으려 하지 않기 때문이다. 이때 비로소 자유로움이 찾아온다.

☞ 존재 [나]를 찾기 위한 탐구를 시작하면 비록 오늘 찾지 못할지라도 내일 찾을 수 있다는 기대감이 있다. 탐구를 시작하지 않으면 알 수 없는 즐거움이다.

☞ 존재 [나]에 대한 탐구는 당연하겠지만 [나]에 대하여 좀 더 알게 해 주고, 내가 타자(他者)와 크게 다르지 않음을 기억력 나쁜 우리에게 계속 알려 준다.

생각을 멈추다

83. 나이 듦에 대한 고찰(考察)

이때, 심리학을 공부하는 자가 물었다. 진리로 향한 길이 누구에게나 열려 있지 않은 이유에 대해, 나이가 들어가도 모두 진리를 발견하는 것은 아닌 이유에 대해. 붉게빛남은 그의 물음에 이렇게 말했다.

비교적 젊은 사람이
자신의 미래를 생각하면서
조금은 겸손히 자신을 만들어 가는 것과는 달리
사람은 나이가 듦에 따라
현재 자기를 최고 상태로 생각하고
이를 타자로부터 인정받기를 희망한다.
그렇지 않으면 지금까지 삶에 대한 회한이 너무 크고
미래 또한 얼마 남지 않아
회복할 시간이 별로 없다고 생각하기 때문이다.

따라서 사람은 나이가 듦에 따라
좀 더 고집이 세어지고 타자에 대한 수용이 줄어든다.
그러나 현재 자기 모습을
삶의 최고 상태로 생각하는 것은
절대로 이루어질 수 없는 쓸데없는 희망이다.

 생각을 멈추다

☞ 이를 극복하기 위한 방법은
다름 아닌 젊음의 상태를 유지하는 것이다.
어리석은 자는 현실적으로 불가능한
젊은 외형 유지를 추구하면서
자유로운 삶에 꼭 필요한
젊음의 본질을 찾고 그것을 유지하려 하지 않는다.

☞ 나이가 듦에 따라 젊음을 위해 더욱 노력하지 않으면
고귀하고 숭고한 정신의 소유자도
바람에 흩날려 가듯
고집 세고 독선으로 가득한
나이만 먹은 쓸모없는 늙은이로 전락하기 쉽다.

☞ 사유의 바닷속에서 자신의 항로를 향해
존재의 숨겨진 보물을 찾아
끊임없는 인고의 노력을 기울이는 것,
이것이 나이가 들어도
자유로움과 풍요로움을 유지하는 유일한 길이다.

☞ 자유로움, 아름다움은 나이 듦과 무관하다.
오히려, 진정한 젊음에 다다르기까지 50년의 세월은 필요하다.

생각을 멈추다

❧ 끊임없이 준비하지 않으면
사람이 가지는 자유정신의 전성기는
그렇게 길지 않다.
젊은 자 그리고 나이 든 자, 모두 이를 잊지 말라.

❧ 그러나 마음 놓으라.
다행스럽게, 그것은 어려운 일이 아니다.
자신의 존재가 무엇인지를 잊지 않기만 하면 된다.
간단하고 쉽다.

우리 최고 인식 상태, 최고 사유 상태는 존재하지 않는가?
우리 삶은 가라앉는 대지 같아서, 인식도 시간과 함께 가라앉는
가? 나이가 듦에 따라 지혜는 축적되는 것은 아닌가? 서른 살 청
년과 예순 살 장년의 철학은 크게 다른 것이 없는가? 그들은 서
로 바라보는 세상과 흥미만 다를 뿐인가? 그들의 철학은 서로에
게 아무 소용 없는가? 붉게빛남은 이렇게 말했다.

❧ 나이에 따라 진리가 다르다면
시간에 따라 진리가 다르다면
공간에 따라 진리가 다르다면
사람에 따라 진리가 다르다면

 생각을 멈추다

그것은 진리가 아니라 지식일 뿐이다.

이는 진리 탐구를 위한 길의 중요한 쉼터에서

자신의 철학에 대해 뒤돌아보아야 하는 질문이다.

　　마치 존재 [나]가 아닌, 사람으로 둘러싸인 무대 위의 '나'

로서 오류 속에서 사는 것과 같이, 우리는 진리가 아닌 지식 속에

묻혀 살고 있는가?

　　그리고 그는 진리에의 문과 존재 [나]에 대하여 이렇게 말

했다.

생각을 멈추다

￼ 존재 [나]에 대하여 공부를 시작하면 타자(他者)를 대상으로 하는 심리학자만큼 그에 대해 잘 알게 된다.

￼ 사람이 찾지 않게 되면 보통 내가 그에게 줄 것이 없어졌다고 생각하면 된다. 보통 나이가 들수록 그렇게 되기 쉽다. 마음 쓸 것 없다. 이때 줄 것을 준비하면 된다.

￼ 나이 듦에 따라 철학은 그가 살아온 시간이 길어 그를 더 깊게 하거나 또는 그를 철학에서 밀어낸다. 보통 사람은 그렇게 강하지 않아서, 나이 듦에 따라 철학에서 살아남기 쉽지 않다.

￼ 나이 듦에 따라 철학으로부터 밀려난 사람도 마음만 먹으면 언제든지 돌아올 수 있다. 나이 들고 존경할 만한 철학자를 사람은 열망하기 때문이다.

생각을 멈추다

84. 침묵하는 다수(多數)

도덕을 공부하는 자가 다시 물었다. 우리 중 얼마나 진리에 가깝게 갈 수 있는지, 얼마나 그것을 이해하고 있는지, 이해할수 없는 길을 가고 있는 것은 아닌지에 대해. 이제 늦은 가을 산은 자기 모습을 완전히 드러내고 있다. 붉게빛남은 이렇게 말했다.

☞ 침묵하는 다수를 잊지 말 일이다.
그들은 때를 기다린다.
침묵의 시간 후 의지 표출의 때를.
그들은 고귀한 자와 비열한 자의 모습을
마음에 담는다.
그리고 때가 되면 자기 생각을 표출한다.
그러므로 침묵하는 다수의 반응에 대해
성급해 할 필요는 없다.

☞ 위대한 철학자, 인식자는 모두
침묵하는 다수와 대화한다.
그런데 무엇인가 구함이 과한 자는
보통 그들을 좋아하지 않는다.
이는 누군가를 평가할 수 있는 방법이기도 하다.

 생각을 멈추다

☞ 진정한 인식자는
침묵하는 다수를 위해 삶을 만들어 간다.
그들은 선하기 때문이다.

☞ 우리는 모두 침묵하는 다수이다.
침묵하는 다수, 그들은 존재 [나]의 본질과 다르지 않다.
우리는 그들의 자유로움을 통해
존재 [나]의 진정한 자유로움을 인식한다.
그들이 자유로운 세상 속에서
비로소 [나]의 자유도 가능하다.
그들의 평온함을 통해
[나]도 평온할 수 있다.
그러므로 그들은 존재 [나]와 크게 다르지 않다.

침묵하는 다수는 모든 것을 알고 이해하고 있다. 그들이 이해하지 못할까 걱정하는 것은 어리석은 일이다. 그들은 그리고 우리는 스스로 말할 수 있는 능력은 부족할 수 있지만, 진리를 판단할 수 있는 능력은 의심할 필요 없다.

그리고 그는 침묵하는 다수와 존재 [나]에 대하여 이렇게 말했다.

생각을 멈추다

☞ 진리는 이미 정해져 있다. 우리가 어떤 생각을 일으켜도 그것은 진리에 거슬릴 뿐이다. 우리는 진리를 창조하는 것이 아니라 단지 발견할 뿐이다.

☞ 내 생각이 틀리지 않고 진리에 부합한다고 할지라도 진리의 커다란 공간을 어지럽힐 뿐이다.

☞ 내가 진리를 만든 것도 아닌데 그것을 찾았다고 자랑할 것 없다.

생각을 멈추다

85. 실존(實存)과 투쟁(鬪爭)

　　법과 정의에 관하여 공부하는 자가 오랜 침묵 끝에 물었
다. 진리를 발견하고 또 알리는 데 노력해야 하는지에 대해, 그렇
다면 삶의 자유와 평온함에 모순되지 않는지에 대해. 붉게빛남
은 그의 물음에 이렇게 말했다.

　자신만의 존재를 찾아 나섬,
이것이 사람이 실존(實存)할 수 있는 유일한 방법이다.
어떤 것에도 방해받지 않는
자유를 누리는 존재를 '실존'이라 한다.
일상적 삶에서 벗어나 자신만의 고유한 삶을 사는 것.
이것이 실존이다.
우리는 정말로 실존하고 있는가?

　그들이 방해하는가? 하이데거, "이 사람, 저 사람, 그리고, 나도 아니며,
　　어떤 사람도 아니다. 그들은 불특정 다수이며 우리는 일상 모든 판단을 그들의
　　뜻에 따라 결정한다."
모든 시대에는 탐욕스러운 자가 항상 있는 법이다.
다른 사람의 실존적 삶을 두려워하는 자이다.
그는 창조적 삶을
다른 사람에게 주고 싶어 하지 않는다.

 생각을 멈추다

🖎 우리 모두가
삶 그리고 미래로부터 위임받은
진리의 집행자요, 수호자이다.

🖎 숭고한 자유를 누리는
절대 권리를 위한 노력과 투쟁은
어떤 희생이 있더라도
선한 자 모두를 위한
우리의 절대 의무이다.

진리를 발견하고 그것을 알리는데 우리는 '할 수 있는 모든 것'을 해야 한다. 존재 [나]를 위해서는 '용기와 희생'이 필요하다.

그리고 그는 실존(實存)을 위한 노력과 존재 [나]에 대하여 이렇게 말했다.

생각을 멈추다

🖋 존재 [나]를 찾으려는 마음이 바로 [나]이다. 무엇인가 '나'와 다른 [나]가 있음을 사유하고 그것을 찾아 떠나는 마음, 이것이 우리가 찾는 존재 [나]이다.

🖋 존재 [나]는 인간 일반 존재를 함축한다. 우리의 구(求)함으로 오류에 빠진 '나'로부터 벗어나 자기 본래 모습으로의 '회귀' 이것이 [나]를 찾는 과정이다.

생각을 멈추다

86. 숭고한 삶을 향한 모험

마지막으로 시인이 이렇게 물었다. 존재 [나]를 발견하기 위해 무엇이 필요한지에 대하여. 붉게빛남은 존재 발견을 위한 조건에 대해 이렇게 말했다.

☞ 별이 탄생하려면
혼돈과 광기가 있어야 한다.
숭고한 목적에 열정이 더해지면
우주는 그것을 위해 움직인다.
숭고한 삶을 향한 모험을 떠나지 못한 것이
삶의 아쉬움으로 남지 않도록 하라.

☞ 하지만 흔들리지 않도록
배의 바닥에 짐은 많이 싣고 떠나라.
오랫동안 멈추고 나를 천천히 보았는가?
잃어버린 나를 아직 찾고 있는가?
자유정신을 잃지 않았는가?
고귀함을 잃지 않았는가?
그렇다면 배에 짐을 어느 정도 실은 것이다.

생각을 멈추다

☞ 두려워 말고
인식을 지금 행동으로 옮기기 시작하라.
모든 것이 우리 편이다.

☞ 잃어버린 나를 찾기 위한 비밀의 문에 드디어 들어섰는가?
즐거운 여정이다.
자유롭게 거침없이 나아가라.

　　　모두, 오두막 카페를 떠난다. 그들은 사흘간의 여정에서 자유로운 존재의 모습을 조금은 느꼈을까? 그들은 붉게 변한 늦은 가을 산을 바라보며 지금 여기서 '사유함의 즐거움'을 소나무 바람과 함께 느끼고 있고, 마음속 인식을 존재화, 의지화하고 있다.

　　　여기 모인 사람은 조금은 변화를 느끼고 있을 것이다. 그러나 그들은 그것을 드러내지 않을 것이다. 숭고한 자는 모든 것을 알려 주는 자이다. 숭고한 자는 아무것도 바라지 않는 자이다.

 생각을 멈추다

　　사람들이 어둠 속에서 횃불에 의존하여 길을 가고 있을 때 그리고 횃불이 꺼질까 두려움에 바람을 두려워하고 불을 지필 기름을 걱정하며 끊임없이 구하러 다닐 때, 숭고한 자는 이미 태양의 밝음 아래에서 그리고 두려울 것도 구할 것도 없는 '밝음의 세상' 속에서 그것을 사람들에게 알려주는 자이다.

　　그리고 그는 존재 [나]를 찾기 위한 숭고한 모험의 길에 대하여 마지막으로 이렇게 말했다.

생각을 멈추다

☞ 존재 [나]는 발견하는 것이 아니라 만들어 가는 것이다. 한순
　간 발견한 '나'는 [나]의 작은 시작점이다.

☞ 존재 [나]는 하루하루 행함으로 커져 간다. 어느 날은 조금 부
　서지기도 하겠지만, 우리 삶이 다하는 날까지 [나]를 조금씩
　크게 만들어 가기만 하면 된다.

☞ 존재 [나]를 찾기 위한 작고 소박한 문을 넘어서면 어느 즐거
　운 여름밤 서늘한 바람이 우리가 만들어 가는 [나]에 대한 또
　다른 의미를 알려 줄 것이다.

멈춤 그리고 천천히 봄

생각을 멈추다

종언(終言)

진리는 숨어 있지 않다. 그런데 우리는 그것을 찾으려 한다.
존재는 숨어 있지 않다. 그런데 우리는 그것을 찾고 있다.
[나]는 숨어 있지 않다. 그런데 우리는 그것을 오랫동안 찾아 헤매었다.

분별(分別)이 우리를 그렇게 만들었는가?
구(求)함이 우리를 무력하게 하는가?
생각이 우리를 벗어나지 못하게 하는가?

거짓으로 가득한 세상
진실로 가득한 세상
우리는 어디에서 살고 있는지.

하지만 적어도 오늘 따뜻한 오후,
늦은 가을 안개 걷힌 붉은 산 아래 이렇게 서서
사유(思惟)하고 있음에
우리는 지금 자유로운 자라는 것은
분명히 말할 수 있을 것이다.

느티나무 옆에서

진리는 하나인데 그 얼굴은 천 가지이다.

잃어버린 나를 찾기 위한 8가지 방법

씨 뿌리는 자의 마음이 평화로운 것은
자신의 일이 결정되었기 때문이다.

연극을 떠나다

사람을 목적하다

존재를 보다

나를 가라앉히다

존재 [나]를 행하다

모방을 벗다

질서를 무너뜨리다

생각을 멈추다

행동과 의지 篇 즐거운 여름밤 서늘한 바람이 알려주는 것들

자유와 탄생 篇 존재 [나]에 대하여

태양이 비추고 있는 늦가을의 따스한 햇볕 아래,
오후 시간의 한가로움은 모든 것을 회복시킨다.

별을 쳐다보는 아름다운 자의 맑은 눈동자가 그립다.

즐거운 여름밤 서늘한 바람이 알려주는 것들

개정판 ‖ 2019년 8월 15일

지은이 ‖ 김주호

펴낸이 ‖ 이현준

펴낸곳 ‖ 자유정신사

등록 ‖ 제251-2012-40호

주소 ‖ 경기도 성남시 판교역로 145

전화 ‖ 031-704-1006

팩스 ‖ 031-935-0520

이메일 ‖ bookfs@naver.com

ISBN 978-89-98392-20-8 (03100)

이 도서의 국립중앙도서관 출판예정도서목록(CIP)은 서지정보유통지원시스템 홈페이지(http://seoji.nl.go.kr)와 국가자료종합목록 구축시스템(http://kolis-net.nl.go.kr)에서 이용하실 수 있습니다. (CIP제어번호 : CIP2019030385)